밀물과 썰물

현대수필가100인선 · 65

밀물과 썰물

고동주 수필선

좋은수필사

■ 책머리에

　수필은 누구나 부담 없이 읽고, 마음만 먹으면 직접 쓸 수도 있는 가장 친근한 문학이다. 다른 영역의 문학이 영상매체에 밀려 신음하고 있는 중에도 수필 인구만은 날로 증가하여 바야흐로 수필 전성시대를 구가하고 있는 이유도 거기에 있을 것이다.
　시대적 추세에 힘입어 수많은 수필전문지, 수필동인지가 창간되고, 이에 비례하여 신진 수필가도 날로 늘어나다 보니 이제는 그 많은 작가, 그 많은 작품 중에서 문학성 높은 작품을 가려 읽는 일이 쉽지 않게 되었다. 이런 현상은 작가에게나 독자에게나 결코 바람직한 일이 아니다. 더 나아가서는 수필을 연구하는 후세들에게도 큰 부담이 될 것이다.
　이런 문제를 해결하는 데는 출판인도 마땅히 한몫을 감당해야 한다는 평소의 소신에 따라, 본사가 기꺼이 그 역할을 맡기로 했다. 그 첫 번째 사업으로 시대를 대표할 만한 수필가 100인을 선정하고, 작가가 자선한 40편 내외의 작품을 수록한 문고본을 발간하여 이를 널리 보급함으로써 그 소임을 다하고자 한다.
　본사는 사명감을 가지고 이 사업을 추진해 나가기로 했다. 작가 선정을 전담할 편집위원회를 구성하고 전권을 위임하여 일체의 사적인 정실이나 청탁을 배제함으로써 전문성과 공

정성을 확보해 나갈 것이다.

따라서 이 기획물 속에는 작가의 문학정신뿐만 아니라, 본사의 문학사적 기여 의지와 편집위원 제위의 수필문학에 대한 애정과 문인으로서의 양심이 함께 담겨 있음을 자부한다. 다만, 작가를 선정하는 기준에는 많은 견해의 차이가 있을 수 있고, 선정 과정에서도 미처 챙기지 못한 부분이 있을 것이라는 사실만은 인정하지 않을 수 없다. 이 점에 대해서는 관계자 여러분의 양해 있으시기 바란다.

이 시리즈의 발간 순서는 작가, 또는 본사의 사정에 의한 것일 뿐 그 밖의 어떤 기준도 적용하지 않았음을 밝힌다.

본 기획물이 시대를 초월한 많은 수필 애호가들의 관심과 애정 속에 우리나라 수필문학 발전에 한 이정표가 되기를 바랄 뿐이다.

2010년 6월

좋은수필 발행인 서 정 환
현대수필가 100인선 간행 편집위원 박 재 식 최 병 호
정 진 권 강 호 형
변 해 명

| **차례** | 현대수필가100인선·65

1_부

섬 • 12
동백의 씨 • 17
군불 • 21
꽃다발 • 25
빛바랜 금전출납부 • 31
감동 만들기 • 35
코리안 엔젤 • 40
천생연분 • 44
그 아픈 이야기 • 48
섬김과 나눔 • 52

2_부

촛불 • 56
밀물과 썰물 • 58
욕심을 비운 자리 • 61
잘못된 시상施賞 풍토 • 64
저녁 놀 • 67
까치 이야기 • 71
길 잃은 참새 • 75
나약한 청소년 • 77
그때 그 물맛 • 81

3_부

찻잔에 내려앉은 꽃잎 • 86
나의 보물 • 89
오바마의 관용 • 92
향기로운 마무리 • 95
마음 밭에 핀 꽃 • 98
소소한 감동 줍기 • 101
어느 노파老婆의 눈빛 • 104
화를 낸 낙타 • 107
청첩장의 무게 • 111

4_부

갈릴리 호수 • 116
착각 • 119
일대일 • 122
빙산氷山에서 나는 소리 • 127
배은背恩의 열매 • 131
어떤 소망 • 135
우주의 소리 • 138
가을 소묘素描 • 144
그 손길 • 147

5_부

열애熱愛 • 152
이래도 되는가 • 158
사람 사는 모습 • 162
영혼의 꽃 • 166
裸木의 기도 • 170
연주자 • 172
인간의 중대한 문제 • 176
순수했던 우리말이 • 179
꽃신 • 182

◼ 작가연보 • 186

1부

섬
동백의 씨
군불
꽃다발
빛바랜 금전출납부
감동 만들기
코리안 엔젤
천생연분
그 아픈 이야기
섬김과 나눔

섬

 천지가 창조될 때, 망망한 창해에 한 점 땅덩어리가 잘 못 흘렸던가. 기나긴 세월 동안 고독의 풍화작용으로 퇴적된 그 작은 섬에서 나는 태어났다. 내가 어릴 때, 뭍에서는 조국이 해방되었고 연이어 동족상간의 전쟁이 터져 온 나라 안이 정신을 잃고 있었다. 기쁨과 슬픔이 교차되는 아린 역사 속에서 인간의 생명은 더 이상 존엄한 것이 못되었다. 많은 사람이 죽었고 모든 것이 파괴되었다.
 내가 사는 섬은 그러한 인재人災에 초연한 상태였다. 언제 전쟁이 지나갔는지, 무슨 사건이 있었는지, 인생사 최대의 허무인 이데올로기와 이념 따위에는 관심이 없었다. 따지고 보면 철저한 고독 속에 감금된 삶이었지만 고독마저도 느끼지 못하는 순박한 섬사람들의 삶은 차라리 에덴의 낙원이었다고

나 할까. 하지만 나는 예민한 감성으로 일찍부터 섬의 고독을 알았다. 육지로부터 유리된 그 외진 곳의 평온이 얼마나 무서운지 의식의 눈이 차츰 열리게 될 그 무렵, 나는 또 다른 외로움 하나를 더 끌어안게 되었다. 어버이의 죽음. 그것은 섬사람으로서 느끼던 고독과 비교될 수 없는 모든 세계와의 단절이었다.

머리에서 발끝까지 서러움으로 꽉 찬 날들이었다. 날마다 눈물 젖은 유년기였다. 밤이나 낮이나 파도가 울고 물새가 울고 해풍이 같이 울어주었지만 그 자연의 통곡이 천애고아인 나에게 위로가 되어 주지 못하였다. 고독에 찌들었던 성장기 시절이었기에 나는 일찌감치 '홀로서기'를 터득하는 지혜를 배웠다. 철이 들어가면서 혼자 섬을 떠났다.

섬 아닌 뭍에서도 고독은 여전하였다. 세파에 휩쓸리고 떠밀리면서도 제자리를 지키고 섰던 고향 마을의 바위를 닮으려 무던히 애를 썼다. 그러는 동안 나는 자신도 모르게 참고 견디는 습관에 길들여지고 있었다.

학업과 군軍복무를 마친 스무 살 중반쯤에 다시 섬으로 돌아왔다. 동백이 엄동설한의 혹한 속에서도 꽃을 피우듯 나도 척박한 그 땅에다 꽃을 피워 보고 싶은 충동이 가슴 속에서 혁명처럼 일어난 것이다.

마을 사람들의 힘을 빌려 비탈진 언덕을 깎았다. 그 자리에 운동장을 마련하고 문명의 혜택이라곤 처음인 초등학교 분교를 지었다. 정기 여객선을 끌어들여 뭍으로 이어지는 길을 열고 작은 마을과 큰 마을이 연결되는 도로도 만들었다.

　낮에는 학교의 임시교사가 되어 아이들을 가르치고, 밤이면 주민들의 문맹을 밝히는 빛이 되려고 나름대로 힘을 썼다. 하지만 수평선 너머까지 뻗은 젊은 꿈이 나를 더 이상 섬에 묶어 두지 못했다. 섬을 떠나면서부터 내 인생의 역사가 새롭게 시작된 것이다.

　말단 공무원이었지만 마침 섬들과 관련이 있는 부서에서 일하게 되었다. 그때부터 하나의 섬이 아닌 수많은 섬들과 인연을 맺으며 살게 된 그 일은 피할 수 없는 나의 운명이었다. 절묘한 경관을 자랑하는 섬, 파도에 자갈 구르는 소리가 애간장을 녹이는 섬, 백로의 쉼터가 되어버린 물새 우는 섬, 한 세기의 굽이에서 잊지 못할 역사가 서린 섬, 모래섬, 바위섬 등 모두가 그럴듯한 사연을 보듬고 제자리를 지키며 억겁의 세월을 건너 온 섬.

　고향에서 익힌 일들이 민들레 씨앗처럼 이 섬에서 저 섬으로 분산되면서 보람의 꽃이 되어 피어나기 시작했다. 집안에서 빗물이 아닌 수돗물을 먹을 수 있고. 호롱불이 알전구로 바뀌면서 먼 곳에 사는 그리운 사람의 목소리가 전화 줄을 타고 날아들었다. 섬을 한 바퀴 돌아 해변도로가 그림처럼 만들어지고, 큰 섬에는 육지에서 자동차가 도선을 통해 들어 올 수 있었다. 낚시꾼, 관광객의 왕래가 잦아지면서 섬은 고독에서 벗어날 수 있었다.

강산이 서너 번 바뀌는 동안 섬은 너무 많이 변했다. 육지나 다름없는 발전을 거듭하였다. 하지만 그 발전의 후유증은 참으로 큰 것이었다.

육지에서 끝없이 쏟아지는 오수며 산업폐수가 바다의 자정自淨 능력의 한계를 뛰어넘었다.

언제부터인가 섬은 낭만을 잃기 시작했다. 시퍼런 남빛이 출렁이는 바다 가운데에서 우뚝 솟아오른 초록의 신전神殿이 아니었다. 깊은 고뇌와 실의에 빠졌던 것이다. 사람들도 둥지를 버리고 미련 없이 떠났다. 뭍으로 나간 학생들의 뒷등에서, 교문이 굳게 닫혀 녹이 슬면서, 내 젊은 날의 흔적도 지워져 버렸다.

파도가 통곡하듯 바위를 때리고 지나간다. 터질듯 한 분노를 포말에 실어 포효해 보지만 소용없는 일이었다.

어쩌다 나는 한려해상에 떠 있는 그 많은 섬들을 돌봐야 하는 책임자의 입장에 서있었다. 바다의 빛깔이며 파도소리를 향해 눈과 귀를 더 활짝 열어야 했다. 온갖 방법을 다 동원하여 보았지만 바뀌지 않는 인간의 이기利己 앞에서 늘 약한 힘만 확인될 뿐이었다. 그때부터 답답한 가슴을 쓸어내리기 위하여 글을 쓰기 시작했는지도 모른다.

따지고 보면 나는 고해苦海의 바다에서 있는 듯 없는 듯 존재했던 한 점 작은 섬이었다. 세파에 씻기고 부대끼면서 조수의 변화에 따라 수면 위로 잠시 나왔다가 다시 침수되고 마는 자갈만한 용암의 잔해였던 것.

　얼마 남지 않은 삶을 내 유년의 앞바다인 '오곡도'의 물빛 같은 모습으로 살아가는 일이다. 지난날, 나는 그 곳에서 주검처럼 무서운 고독으로 인해 사계四季를 떨며 자라났지만 그 서러움의 눈으로 바라본 쪽빛의 해면이 아, 오늘따라 이토록 그리운 것을…….

동백의 씨

가을이 오붓하게 익어가는 어느 날 동백의 섬 고향마을을 찾았다. 밭 언덕마다 줄지어 늘어선 동백나무들은 성장이 둔한 탓으로 어릴 적에 눈에 익은 그대로인 듯하여 더욱 정겹다. 멀리서 보면 녹색의 아름다운 관상 상록수 이고, 가까이 보면 윤기 흐르는 잎사귀마다 햇빛을 하나씩 나누어 간직한 초롱초롱한 눈빛들이다. 그 눈빛 이파리들 사이를 자세히 보면 작은 사과처럼 푸르고 불그레한 볼을 살짝 내민 야무진 동백 열매를 만날 수 있다. 그 열매 속에 간직된 검은 갈색의 씨는 가을이 짙어 지면 두꺼운 껍질을 스스로 깨고 땅에 떨어진다. 그 씨에서 짜낸 동백기름을 옛 여인들은 아주 귀히 여겼다. 동백기름으로 머리를 곱게 단장하고 나서면 여인의 정갈한 품위에 윤기가 흘렀기 때문이다.

그러한 옛 멋은 이제 70고개의 할머니들에게나 드물게 추억으로 간직되어 있을 뿐 흔적을 감춘 지 오래여서 아쉽다. 이처럼 동백의 씨가 상품가치를 상실하게 된데 대해 작은 안달을 해보는 것은 내게 그럴만한 사연이 있기 때문이다. 그 사연과 만나기 위하여 20대 초반의 시절을 떠올려 본다.

군에 입대하여 두 번째 휴가를 갔을 때로 기억된다. 영하 30도의 추위와 싸우면서 교육에 열중하다가 휴가를 받으면 사병들은 모두들 정다운 가족들의 모습을 떠올리면서 고향으로 달리는 발걸음이 가볍고 신이 난다. 나도 그들 틈에 끼여 군용열차를 탔다. 밤을 세워가며 달리는 열차가 남해안에 가까워질수록 나의 마음속에는 무거운 그림자가 서서히 드리워졌다. 어릴 때 어버이를 여읜 서러운 외톨이의 고향은 이미 따스한 정이 식은 타향이던 것을…….

그래도 첫 휴가를 고향마을 숙부님 댁에서 묵고 귀대할 적엔 몇 푼의 차비를 쥐어주는 숙부님의 손길에 차가운 시선을 꽂던 숙모님의 모습이 확대되어 회상되었을 때 휴가를 출발한 것이 원망스러워 졌다. 그러나 달리는 열차를 되돌릴 수도 없었다.

찻길 뱃길 합하여 하루 밤낮의 여독에 지친 몸으로 그리웠던 섬마을 가장 가까운 혈육의 대문을 두드렸을 때 예상했던 반응보다 더욱 싸늘한 바람이 이마를 스치면서 다리가 휘청거렸다. 조카의 문안 인사조차 묵살 되는 듯 했던 숙모님의 모습보다도 한 가닥 정의 끈인 숙부님이 장기 출타 중이시라는 충격 때문 이었으리라.

파도처럼 밀려오는 고독을 스스로 달래면서 친척집들을 전전 하다가 귀대 일자를 맞게 되었다. 그러나 귀대할 여비 마련이 문제였다. 나룻배를 타기 위하여 바닷가로 내려오면서 텅 빈 호주머니를 다시 확인하는 순간 아찔한 현기증이 앞을 가렸다. 나룻배에 오르기는 했으나 큰 섬의 여객선 부두에서 승선을 거절당하면 어떻게 할 것인가. 귀대하는 것을 포기할 수도 없고 그렇다고 시퍼런 바다에 뛰어들어버릴 수도 없는 절박한 상황이었다. 마냥 즐거웠어야 할 휴가가 이렇게 낭패스럽게 까지 될 줄은 몰랐다. 아쉬운 배웅의 눈길 대신 외면의 설움……

주위에 아무도 없으면 저 먼 하늘을 향하여 "아버지! 어머니!" 하고 소리쳐보고 싶었다.

나룻배는 나를 포함한 10여 명의 손님을 실은 채 저만치 떠나고 있었다. 그때 마을 뒷산 언덕에서 "오빠!" 하고 울부짖으며 천방지축 뛰어 내려오는 열세 살의 어린 사촌 여동생 모습이 젖은 시선에 어렴풋이 나타났다. 나룻배 노를 젖 던 사공은 다시 뱃머리를 돌려주었다. 위태롭게 뛰어내려오는 그 아이도 나와 비슷한 처지인 조실부모한 고아로서 일곱 살 때부터 숙모님의 시중을 들어 가냘픈 손마디가 거칠었고 총명한 까만 눈은 학교의 문턱마저 까맣게 잊고 사는 불쌍한 아이였다.

오빠가 귀대하는 날 아침 숙모님을 대신하여 동리 아주머니들을 찾아다니며 동백의 씨가 떨어진 이삭을 주워서 팔아 갚겠다며 돈을 빌려달라고 애원했었다. 어렵게 빈 몇 푼의 돈을 손에 꼭 쥐고 뱃머리를 향하여 달렸던 것이다. 눈물범벅이 된 어린 동생은 따스한 형제의 정을 건네주고는 바위에 주저앉아 외로운 오빠의 처지와 자신의 불쌍한 처지를 겹쳐가며 파도처럼 흐느꼈다. 가슴깊이 와 닿는 갸륵한 정의 전율을 느끼며 터지는 설움을 참을 수가 없었다.

두 고아의 가엾은 눈물을 보고 나룻배의 일행도 모두들 측은해 눈시울을 적셨다. 바다 저쪽 하얀 갈매기도 같이 울어주었다. 다시는 휴가를 나오지 않으리라 다짐하면서 억지로 눈물을 삼켰다.

이렇게 나의 낭패를 모면케 한 동백의 씨로 하여 동백나무에 까지 정겨움이 더하게 되었고 그 동백을 볼 때마다 여동생의 따스한 정을 만나는 듯하다.

동백꽃의 아름다움과 사철 변함없는 그 잎의 윤기와 그 열매의 야무진 껍질과 그 속의 씨. 그 씨의 은혜를 입고 아찔한 고비를 이어서 오늘에 이르렀다. 그러면서도 동백처럼 살지 못하고 허술하고 꺼칠하고 밋밋하게 살아온 지난날이 후회스럽다.

지금부터라도 그 동백의 씨 하나를 마음 밭에 묻어 사철 변하지 않는 아름다움과 눈부신 윤기와 야무진 열매를 주렁주렁 달수 있도록 가꾸어 보리라.

겨울부터 이른 봄까지 차가운 갈바람 속에서도 붉은 빛의 꽃을 빚어내는 강인한 아름다움을 배우리라. 그리고 여동생의 따스한 정의 씨도 부지런히 나누어 심어야 하겠다.

군불

 목련이 피었는데도 관악산을 스쳐오는 밤바람은 아직도 차다. 오늘은 때 아닌 진눈깨비가 천둥까지 몰고 왔음인지 연수원 기숙사에는 스산한 냉기만 감돈다. 이런 날은 따스한 온돌방 생각이 간절하다. 항상 그런 환경에서 길들여졌기 때문인지 좀처럼 침대생활이 익숙해지지 않는다. 담요와 이불을 포개 덮어도 체온 이상의 온기를 기대할 수 없기 때문이기도 하다. 아무래도 군불을 지핀 아랫목처럼 포근하랴.
 최근에는 군불을 지필 수 있는 부엌 아궁이가 더러 기름보일러 시설로 바꾸어져서 스위치 하나만 누르면 난방은 문제없이 해결되는 세상이 되었다. 그렇게 편리하고 깔끔할 뿐 숭늉처럼 구수한 맛은 결코 찾을 길 없다.
 60년대까지만 해도 시골은 물론 도시 변두리까지 모두 군불을 지피고 살았다. 그때는 뒤란에 쌓인 땔감의 부피로 가세家勢를 짐작하기도 했다. 새벽 장에 제일 먼저 등장하는 것도 장작더미를 실은 짐수레였지만 가난한 사람들은 쳐다보지도 못했고, 겨우 부녀자들이 이고 온 솔가리(불쏘시개로 쓰는 마른 솔잎) 한 단을 들여가도 서민들의 얼었던 마음을 녹이는 데는 충분했다. 장작이든 솔가리든 군불을 지펴서 따스해지기는 비슷하지만 솔가리를 때는 집일수록 정이 더 따사로웠던 것을 느끼지 않았던가. 가난한 한恨이 불쏘시개 역할이라도 하였던가 보다.

어쩌다 텔레비전 드라마에서 군불 지피는 장면이라도 만나면 내 가슴 깊이 타고 있는 또 다른 군불의 불씨가 보인다.

고등학교에 다닐 때였다. 시내 달동네에서 사글세방 한 칸을 얻어 자취를 하고 있었다. 본가는 외딴 섬마을이어서 통학이 불가능했고 형세形勢도 유학할 처지가 아니었다. 석유풍로로 끼니 해결하는 것도 어려운 처지인지라 군불을 지피는 것은 상상할 수도 없었다. 영하의 추위에는 이불을 머리끝까지 둘러쓰고 새우가 되어야 했다.

그런 추위가 계속되던 어느 날 밤, 나의 자취방 부엌에도 드디어 군불 지필 장작뭉치가 쌓이게 되었다. 갑자기 땔감 부자가 된 것이다. 나의 유일한 보호자이신 숙부님께서는 조실부모한 조카가 객지의 자취방에서 얼마나 떨고 있는지 걱정이 되셨던 것. 그래서 군불 지필 땔감을 장만하셨다. 나무를 자르고 쪼개고 말려서 묶는 것까지야 약간의 성의만 있으면 아무나 할 수 있는 일이다. 그러나 손바닥만한 조각배에다 그 나무를 싣고 얼어붙은 밤바다를 다섯 시간도 넘게 노를 저어오는 일은 쉽지 않다. 숙부님은 갈바람 휘몰아치는 파도를 헤치고 손발이 시려도 가슴이 얼어도 정의 불씨 하나를 다독거리면서 노를 저으셨다. 바람소리, 파도소리가 어우러진 캄캄한 바다에서 노에다 물을 감아 당기고 밀 때마다 무슨 생각을 하셨을까. '형님이 남기고간 기출己出 하나 남부럽지 않게 키워 보리라'고 다짐을 하셨을 지도 모른다. 까마득한 육지를 향해서 수천 번의 다짐과 수만 번의 기원을 되풀이하시면서 노를 저으셨으리라. 밤중이 가까워서야 불빛이 환한 항구에 도착하셨고 또 비탈진 달동네 자취방까지 장작뭉치를 나르셨다. 싸늘한 아궁이에 장작을 한 입 물려 불을 지펴 주시고는 다시 섬마을을 향하여 선걸음에 가셨다.

  그날 밤은 방이 따스했는데도 잠이 오지 않았다. 숙부님의 가슴 속에서 은근히 타고 있는 모닥불이 나에게로 옮겨와 석유를 끼얹은 듯 활활 타오르는 바람에 나는 감기도 아닌데 신열로 떨고 있었다. 그때 벽에 붙었던 일과표를 떼어다가 잠자는 시간을 줄여서 다시 그려 붙인 기억이 지금도 새롭다. 그날 이후, 그 장작개비로 군불을 지피지 못했다. 차마 태워버릴 수가 없었던 것이다. 그저 쳐다만 봐도 흐뭇하고 따스했으니까.

  그런 연유로 나의 가슴에는 불씨 하나가 생겼다. 그 불씨는 지금까지도 꺼질 줄 모른다. 나이 들수록 더욱 선명해지고 뜨거워지는 느낌이다. 그 열기 때문에 일찍부터 설움덩어리의 외로움도 눈물도 녹아버렸다. 그런 불씨를 안고 살아오는 동안 세상도 많이 변했다.

이제 솔가리 정도의 땔감쯤은 아무도 거들떠보지 않아 산골마다 수북이 쌓였고 나무를 베어 두어도 가져 갈 사람이 없다. 아무리 가난해도 연탄이고 옛날 장작개비를 때던 사람들은 보일러에 길들여진 지 오래다. 그렇게 편리해질수록 정의 불씨는 붙을 곳이 없다. 어지간한 은혜쯤은 팽개치기 바쁘고, 나 하나만 편안하게 즐기면 그만이다. '정이 어떻고 불씨가 어떻고….' 하는 말은 망령 든 사람의 잠꼬대쯤으로 들릴지도 모른다. 부모가 죽어가도 자식들이 모르는 세상이 되었으니 더 할 말이 있겠는가.

어떻게 사는 것이 참 잘사는 환경인지 어리둥절할 뿐이다. 나 자신도 그런 세정世情에 물들었음인지 아직도 군불을 지피지 못하여 외롭게 떨고 있는 다른 가슴들을 찾지 못했다. 못 찾는 것이 아니고 찾을 생각조차 하지 않았는지도 모른다.

스산한 이 밤, 나의 가슴에 남아 있는 불씨라도 '후- 후' 불어서 군불을 다시 지펴보고 싶다.

꽃다발

 나에게 있어 연중에 든 칠월의 첫날은 역사적이면서도 뜻 깊은 날이다. 몇 해 전인 민선시장으로 첫출발을 하던 그날도 그랬었고, 재선으로 다시 취임식을 맞으니 더욱 선명하게 각인 刻印 되는 셈이다.
 "나는 법령을 준수하고 주민의 복리 증진 및 지역 사회의 발전 과 국가 시책의 구현을 위하여……"
 두 번의 시장 선서 . 치열한 인물 경쟁 속에서 나를 선택하여준 많은 시민들과 직원들 앞에 섰던 그 날은, 무거운 책임감이 두 어깨를 누르면서도 한편으로는 설명할 수 없는 감회로 가슴이 벅차올랐다. 험난하고 거친 '선거' 라는 고지를 탈환하고 ,승리의 깃발을 꽂게 된 기쁨. 그것은 호박이 넝쿨 채로 굴러 들어온 듯 운이 좋아 그저 얻은 결과가 아니었기에 더욱 보람된 것이었다. 상대후보의 흑색선전 속에서, 내 보잘 것 없는 이력은 사정없이 바닥으로 떨어졌다. 바람에 흩어져 날리는 인쇄물과 함께 찢겨지고 뭉개졌다. 하지만 시민들의 귀는 진실로 통하는 통로로 열려 있었고, 덕분에 지난 1차 때보다 더 많은 표를 선사 받을 수 있었다. 하긴 외적인 조건으로 인물을 고른다면, 후보자들 중에서 나는 하나도 내세울 것이 없는 사람임에는 분명 하다. 일류대학 출신이 아니고, 행정고시 출신도 아닌, 너무나 보통 인물이다. 무엇하나 자신 있게 내세우며 "나는 이런 사람이요"하고 자랑할 만 한 게 없다.

어릴 때 부모를 여위고 일찌감치 홀로 서기를 하였다. 어린 가슴에 뻥 뚫린 구멍사이로 바람 시린 날들이 지나갔고 남아의 용기도 빠져나갔다. 그 눈물 젖은 유년의 뜰에는 밤하늘의 달이 유난히 추웠고, 한낮의 태양까지도 쓸쓸 하였다. 마당에 드리워진 대나무 숲의 그림자가 은하수 아래에서 우수수 흔들리던 밤, 나는 사람이 아닌 대나무가 흐느끼는 소리를 들었다. 몸부림치는 듯, 대나무와 나는 한마음이 되어 해풍이 유난스러운 밤을 틈타 그렇게 울곤 하였다. 참으로 외롭고 막막한 시절이었다. 그 시절 나는 숙부님 댁에 얹혀 살 수밖에 없었다. 아버지란 존재가 사라진 내 어린 가슴속에 숙부님은 따스한 부정父情으로 다가오셨고, 친자식이나 다름없는 사랑을 베풀어 주셨다.

반세기여 년 전, 그때는 나라의 살림 형편이 얼마나 어려웠던가. 그랬듯이 남쪽바다 작은 섬의 경제는 말이 아니었다. 끼니 굶기를 밥 먹듯 하였다. 그래도 당신께서는 육지에 있는 학교에 까지 나를 유학 보내실 정도로 조카의 장래를 생각하셨다. 그 당시 유일한 생명의 젖줄인 토지를 팔아 학비를 마련해 주신 것이다.

그러나 대학은 숙부님 힘으로 감당할 수 없는 것이었다. 이때부터는 내 스스로 해결해야 되는 일인 줄 알고 나는 직장에 다니면서 야간 대학을 기웃거려야 했다. 이런 탓으로 소위 "일류"라고 대접받는 이 나라의 보편타당한 진리(?) 앞에서 늘 주눅이 들었다. 따지고 보면 삶의 질은 최고학부 졸업장으로 그 가치가 평가되어 지는 것이 아님을 누구보다도 잘 알고 있다. 하지만 늘 외적인 잣대로 사람이 평가되어지는 사회의 한쪽 구석에서, 나는 불타는 향학열을 마음대로 펼칠 수 없었던 미망을 끌어안고 외로움을 추스르며 살 수밖에 없었다.

초라한 나의 학력이 선거를 치르면서 여지없이 짓밟혔다. 그 죄 없는 과거가 사정없이 상처를 입은 것이다.

외적인 조건 중에는 타고난 인물도 들어간다. 고생에 찌들어서인지 왜소한 체구에 특징 없는 얼굴. 어디를 봐도 십 수 만 시민의 대표자격으로는 부족한 듯했다. 그래서 시민들에게 죄송할 따름이지만 어쩌겠는가. 이건 정말 하늘의 뜻인 것을……

어느 친구가 말했다. 나를 입지전적 인물이라고. 그것은 훌륭하다는 의미가 아닌, 부족한 부분이 그렇게 많은데 시장 선거에서 두 번씩이나 당선되었으니 놀랍다는 뜻이리라. 또 어떤 분은 나더러 관운이 대단한 사람이라고도 말한다. 하지만 그런 요행으로 어찌 이 자리에 오를 수 있었으랴. 이모든 영광은, 따지고 보면 숙부님 덕택이라고 생각이 들었다. 험난한 세상에 혈혈단신으로 남은 어린 조카를 거두어 바람막이가 되시고, 비빌 언덕이 되시고, 마음의 지주가 되어주신 어른.

 외적으로 부족한 것을 이겨낼 수 있는 힘은 돈 주고도 살수 없는 것이다. 바다를 집어 삼킬 듯한 태풍 속에서도 침착 할 수 있는 지혜는, 성장기 시절에 숙부님의 따뜻한 손길을 감지하며 단련된 덕택이며, 성상 같은 그분의 인품 밑에서 세상사는 법을 터득하여 열심히 살아온 결과가 아니겠는가. 그러나 숙부님께 효도한번 제대로 못한 나는 마음이 늘 무겁고, 죄스러웠다. 아비만한 자식 없다고, 풀지 못한 숙제를 앞에 둔 어린 아이처럼 미루기만 한 것이다. 그러다가 마침내 한 가지 생각을 하게 되었다. 그건 시장 취임식 자리에 숙부님을 모시는 것이었다. 그리하여 참석하신 숙부님의 표정은 참으로 행복하셨다. 애써 안으로 감추시려는 모습이 역력하셨지만, 조카가 이룬 꿈이 당신의 소원인 것을 내 어찌 모르랴.

 식이 순서대로 거행되었다. 초립동이가 앞으로 나와 축하의 뜻으로 나에게 꽃다발을 안겨주었다. 그걸 받는 순간, 이 기쁨의 순간을 숙부님께 드리자는 생각이 또 문득 드는 것이다. 그래서 예정에는 없었지만 숙부님을 시민들 앞에서 소개 하였다.

 "나를 낳아주신 부모님은 일찍 여위었지만 길러주신 부모님께서 오늘 이 자리를 함께 하셨습니다. 조카의 외로움을 감싸 안아서 바르고 훌륭하게 자랄 수 있도록 정성을 다하여 주신 나의 숙부님 이십니다. 병으로 고생을 하시면서도 당신의 치료비 보다 조카의 학비를 먼저 걱정 하시고, 내가 공부를 하고 있을 때에는 천하가 무너져도 부르거나 방해하는 일이 없는 분이셨습니다. 가난 했던 시절, 고구마로 끼니를 때우면서도 조카의 배고픔을 걱정하시고, 앓을까 다칠까 늘 염려해주신, 그 뜨거운 사랑과 희생과, 땀과 눈물을 나는 아직도 다 알지 못 합니다……"

소개를 하다 말고 나는 중간쯤에서 그만 목이 메고 말았다. 잠시 침묵이 흘렀다. 식장 안은 그만 숙연한 분위기에 휩싸였다. 말이 나온 김에 나는 다음 말을 이었다.

"아무나 할 수 없는 그 커다란 희생을 어디에다 비교 하겠습니까. 결국 오늘의 영광은 숙부님의 것이나 진 배 없기에 여러분께서 주신 이 꽃다발을 숙부님께 드리겠습니다."

당신의 가슴에 꽃다발을 안겨드리자, 커다란 박수 소리가 터져 나왔다. 모진 가난만 아니었더라면 일류 대학도 나오고, 행정고시도 무난히 거칠 수 있었을지도 모르는 나의 삶이다. 하지만 그러한 엘리트가 되었더라면 행여 자만으로 인하여 오늘 이 자리까지 오르지 못했을지 또 어찌 알겠는가.

붉은 물감이 수평선에 쏟아진 듯, 석양이 눈물겹도록 아름다운 내 고향. 이 운치 있는 통영에다 나는 부지런히 꽃을 피우면서 은은한 향기가 되어야 한다. 그것은, 낙조의 불그스름한 모색이 한려해상 국립공원의 푸른 물빛에 스며들 듯, 더 깨끗하게 살기 좋은 곳으로 만들고 싶은 내 꿈이 시민의 마음과 하나가 되는 일이다. 또 이러한 노력이 그들 곁에서 꽃으로 피어나리라.

빛바랜 금전출납부

서재를 정리하다가 고등학교 재학 중에 기록해 둔 금전출납부를 발견했다. 1950년대 후반, 달동네 셋방을 얻어 자치생활을 하면서 3년간 학비와 생활비를 기록한 내용이다. 출납부의 맨 뒷장에는 3년간의 총액까지 계산해 두었다. 수입부분을 살펴보니 숙부님으로부터 매월 여러 차례에 걸쳐 소액이 조달되었다. 그것만 보아도 그 당시 넉넉지 못한 가세家勢를 짐작할 수 있었다. 지출부분에는 수업료(지금의 등록금), 학용품, 주부식비, 방세, 기타생활비 등 매월 비슷한 내용이었다. 연도별 지출 총액은 1학년 때가 입학금을 포함해서 가장 많았고, 3학년 때가 적은 편이었다. 해마다 물가가 올랐을 것인데도 쓰임새가 줄어든 이유는, 2학년부터 학교에서 수업료 면제혜택을 입었고, 3학년 때는 가정교사를 겸했기 때문으로 풀이된다.

아무튼 여기 나타난 금액이 현재의 물가로 환산하면 얼마쯤 될 것인지 궁금했다. 그래서 학교에 납부하는 공납금을 기준으로 화폐가치의 변동률을 환산해 보았더니 약 112배 차이로 나타났다. 출납부의 3년간 지출총액에 변동률을 곱하고, 그것을 다시 36개월로 나누었더니 매월 평균 49만원 꼴로, 그 당시 생활수준을 엿볼 수 있었다.

금액의 과다過多보다는 금전출납부를 꼼꼼히 기록해 둔 이유가 더 궁금했다. 학비 조달을 친부親父가 했다면 금전출납부까지 썼을까가 의문스럽고, 이렇게 오랫동안 보관할 필요까지 있었을까. 조실부모早失父母한 처지에서 가난한 숙부로부터 학비가 조달되었으니 한 푼이라도 아껴 써야 한다는 결심과, 언젠가는 이 채무를 변제辨濟해야 한다는 의무감 때문이 아니었을까 싶다. 어릴 때, 그런 결심은 세월 따라 서서히 착각 속으로 빠져들었다. 숙부가 아닌 친부처럼 예사롭게 의지해버렸던 것이다, 그것은 숙부께서 베푸는 사랑의 보료가 친가親家의 아랫목 이상으로 따사로웠기 때문이었으리라.

슬하를 떠나 독립적으로 공직 생활을 하면서, 야간이라도 스스로의 힘으로 향학向學의 욕구까지를 달래야했다. 또 결혼 후, 자라나는 아이들을 양육하느라 힘겨웠다. 그런저런 여유롭지 못한 봉급생활자임을 핑계로 명절 때마다 겨우 얄팍한 봉투를 숙부께 내밀었던 것이 보답의 전부였으니 얼마나 철없는 얌체였던가. 그래도 그런 것 탓하지 않고, 평소 자신의 어려움보다 조카의 어려움을 먼저 살폈다. 조카의 성취를 자신의 행복인 양 기뻐했으니, 나는 점점 더 진한 바보가 될 수밖에 없었던 것이다.

그러다 숙부께서 유명幽明을 달리하신 후, 나는 애통함과 허전함 때문에 이명耳鳴증이라는 병을 얻기까지 했다. 그렇게 상실의 몸살을 앓으면서 착각의 구름을 드디어 걷어낼 수 있었다.

그런 상태에서 빛바랜 금전출납부를 발견했으니 이것은 단순한 금전출납부가 아니고 차용증서쯤으로 보였다. 허지만 이제 와서 채권자 없는 이 채무를 어쩌면 좋으랴. 채권자의 존재 여부를 떠나서 채무자도 이미 황혼에 접어들어 변제능력마저 상실했으니 해법解法을 찾을 길이 없어졌다. 어쩌다 이렇게 영원한 불량채무자가 되었단 말인가.

숙부님!

호흡을 가능케 하는 공기 속에 살면서
공기의 고마움을 모르듯이
당신의 사랑 너무도 따사로워
양육 의무라도 있는 친부親父로 착각하면서
부담을 느낄 줄 모르고 살았답니다.

일찍부터 빚진 기분으로
한 푼 두 푼 소중하게 기록해 두고도

진한 사랑의 최면催眠에 걸렸나봅니다.

이제 어리석은 착각은 떨쳤으나
당신이 계시지 않는 이 땅위에
갚지 못한 이 빚을 어찌해야 합니까.

무너지는 한 생명 건져내신
위대한 당신의 사랑 앞에
이 불량채무자는
회한의 가슴을 칩니다.

아버지!

감동 만들기

언젠가 엔도르핀이라는 호르몬을 발견하여 크게 화제가 된 적이 있었다. 깊이 잠들었을 때나 사랑할 때에 이것이 분비되는데, 병균을 물리치고 피로도 회복하며 암세포까지 이길 수 있다는 내용이었다.

최근에는 그 엔도르핀의 4천배 효과가 있는 다이돌핀이라는 것을 의학이 발견하여 새로운 화제로 등장하였다. 4천배라는 수치가 어떤 방법에 의해서 산출되었는지 알 수 없지만 얼른 이해가 되지 않는다. 이런 위력을 가진 다이돌핀이 우리 몸에서 언제 생성되는지에 대한 설명은 이미 세상에 널리 공개되었지만, 누구나 살아가면서 흔히 경험하고 있는 사실이라는 데서 설마 하는 생각과 함께 약간의 의문을 지워 버릴 수가 없다.

설명을 보면, 좋은 노래를 들었을 때, 아름다운 풍경에 압도 되었을 때, 새로운 진리를 깨달았을 때, 엄청난 사랑에 빠졌을 때 등 이러한 류類의 감동에 접했을 때 우리 몸의 면역체계에 강력한 긍정적 작용을 일으켜 암을 공격하고 놀라운 기적이 일어난다는 것이다.

 이런 기적과는 상관없이 다이돌핀의 화제로 인하여 내 마음 속에 오랫동안 간직되어 온 감동하나가 고개를 든다. 때는 군軍에 복무하던 청년시절이었다. 그 당시 부대 근처의 야간대학에 통학하는 군인은 사령관으로부터 통학증이 발행되었는데 이것은 외출증으로 대용토록 되어있었다. 시험기간이거나 밤늦도록 강의가 있는 날은 학교 부근에서 자고 다음날 일찍 부대에 들어가도 그 정도는 허용되는 때였다. 그렇게 1년 쯤 지난 어느 날, 방을 빌려주었던 아주머니께서 "오늘 저녁은 친구들을 집으로 데려와서 식사를 같이 하자"고 했다. 무슨 일인지도 모르면서 시키는 대로 친구 몇 사람을 불렀다. 그때 내 방에는 이미 성찬盛饌이 마련되어 있었고, 그 차림 상 가운데는 촛불 몇 개를 꽂은 케이크도 있었다. 주인아주머니께서는 친구들에게 귀속 말로 무슨 약속을 하는 듯 했다. 내 혼자만 모르는 심상치 않는 분위기가 전개 될 것 같은 것을 느꼈지만 미처 따져볼 겨를도 없이 둘러앉았던 일행이 손뼉을 치며 생일 축하 노래를 부르기 시작했고, 그 가사 속에 내 이름도 들어있었다. 노래가 끝났을 때 나더러 촛불을 끄고 케이크를 자르란다. 어찌된 영문인지를 몰라 시키는 대로 했지만 어리둥절했다.

그 날이 생일인 것을 본인만 까마득하게 모르고 있었던 것이다. 나는 평소에도 자신이 태어난 날을 특별히 기억해 본 적이 없었다. 생일잔치 같은 것은 상상조차 할 수 없었던 형편이니 굳이 기억할 필요가 없었던 것이다. 가난했던 시절, 고아孤兒에게 생일잔치란 가당찮은 꿈이었다. 그런 사정을 미리 짐작하였는지는 모르지만 유일한 보호자였던 숙부께서는 내가 여섯 살이 되었을 때, 출생신고를 하면서 음력 생일을 양력인 양 같은 날짜로 못 박았고, 그런 사실을 철이 들었을 때 알려주었다. 그래서 나는 생일잔치를 하지 않아도 음력생일이 호적이나 주민등록에 늘 따라다니게 되어있었다.

그런 푸념을 늘어놓은 일기장을 아주머니가 우연히 보게 된 것이 사건발생의 동기였다는 것을 실토하는 순간, 같이 참석했던 친구들이 큰 박수로 감사의 마음을 전했다. 어쨌든 이 세상에 태어난 후, 생일잔치를 처음 베풀어 준 아주머니의 감동 만들기는 나에게 엄청난 충격을 던져주었다.

늘 차가운 바람만 휘몰아치는 파도 속 넓은 바다에 작은 조각배인양 외롭게 떠다니다가 잔잔하고 아늑한 항구를 만난 듯 마음이 평온해 졌다. 순간 모정母情같은 따스함이 마음을 감싸주는 듯도 했다. 약간의 쑥스러움을 누르면서 아주머니의 호칭을 어머니로 바꾸어 불러보았다.

"어머니! 고맙습니다!"

그 순간 왈칵 눈물이 솟구쳤다. 사랑에 굶주리며 한없이 쓸

쓸했던 어린 시절이 순간적으로 마음속에서 영상처럼 떠올랐기 때문이다. 그렇게도 불러보고 싶었고 그러면서도 생소했던 '어머니'라는 호칭이 내 마음 바탕에서 스스로 터져 나오면서 눈물을 동반했던 것이다.

그런 일이 있은 후, 제대하고 고향에 내려왔을 때에도 아주머니와 교신이 계속되었다. 그러다가 큰 딸 '영'의 편지가 뒤를 이었다. '영'의 첫 편지는 어머니가 성화를 부린 때문인 것으로 짐작할 수 있었다. 그렇게 오가는 편지가 2년여 계속될 즈음, 아주머니 댁에서 한번 다녀가도록 초청을 했다. 생일잔치 감동 때문에 그 초청을 거절할 수도 없었다.

제대한지 2년 만에 지나간 병영생활의 추억에 젖어보면서 '원주'행 열차를 탔던 것이다. 역에 나온 '영'의 마중을 비롯한 모든 절차가 예사롭지 않았던 것을 느낄 수 있었다. 그 길이 약혼식 비슷한 상황이 될 줄은 상상치도 못했지만 엉겁결에 배려하는 대로 따르게 되었다.

그런 결과로 드디어 아내와 결혼까지 이르게 된 것이다. 딸을 시집보내면서 특별히 다짐이라도 했는지 모르지만, 집사람은 그 감동의 불씨를 해마다 착실히 다듬어 꺼지지 않게 이어오고 있다. 부부가 된지 40년이 넘었는데도 생일잔치는 물론 선물까지 잊지 않는 것이 우리 집 전통으로 굳어버렸다.

아내가 되기 전에 사람 됨됨이를 자세히 탐색해 볼 겨를도 없이 장모께서 바라는 대로 배우자를 택해버린 것만 보아도 그 당시 감동의 열기를 짐작할 수 있다.

한평생 부부로 살면서 불만스러운 일이 없는 사람 있을까마는, 그럴 때 마다 장모께서 베풀어준 생일잔치 감동이 아침안개처럼 피어올라 자잘한 감정의 파도를 가려 버린 때가 더러 있다. 그런 감동에 젖을 때 마다 목관악기에서 수수하게 울려 퍼지는 멜로디를 듣는 기분이다.

살아가는 주변에서 이런 감동을 찾으면 더러 있겠지만 그것을 마음깊이 담아 소중하게 간직하지 않으면 세월 따라 증발해 버리기 마련이리라. 증발하지 않게 보전(保全)하는 것은 순전히 받은 사람의 몫이라 생각된다. 많이 보전하면 할수록 감사와 행복의 부피도 클 것인데, 그렇지 못한 경우가 많은 세상풍토가 안타깝다. 이런 감동은 다이돌핀처럼 기적을 만들어 낼 수는 없을지 모르지만, 버금가는 가치가 있을 것으로 생각된다.

순간의 감동이 일생동안 영향을 미치는 위력을 어찌 예사롭다 하랴. 지금까지 살아오면서 그런 감동을 자신은 얼마나 만들었는지 모르지만 단 몇 사람에게라도 뿌리를 제대로 내렸다면 다행이겠다.

주어도 좋고, 받아도 좋은 감동의 꽃이 만발한 세상이 될 수만 있다면 얼마나 아름다울까.

코리안 엔젤

집사람 몸에 이상이 생겨서 한동안 병원신세를 지게 되었다. 아내를 따라 나도 병실에서 밤을 지새우는 간병을 하기 시작 했다. 처음 겪어보는 환경이라서 느낀 것도 많았다. 특히 간호사들의 역할이 단순하지 않다는 것을 알았다. 쉽게 나타나지 않는 혈관을 찾아 애를 먹는 모습도 그렇고, 혈관으로 주사액이 잘 스며드는지 수시로 살피고, 일정간격으로 체온, 맥박, 혈압 등을 체크하느라 바쁘다. 수술 후에는 더욱 긴장하여 수시로 환자의 동태를 살피느라 밤새도록 환자실을 수십 번씩 들락거린다. 그러면서도 지친 표정 감추고 항상 미소를 앞세운다. 그런 모습에서 간호사란 직업은 천사와 같은 정신의 소유자가 아니면 견디기 힘들겠다는 생각을 하게 되었다. 그 순간 역사 속에 묻혔던 '코리안 엔젤'이라는 함성이 느닷없이 환청으로 들리는듯했다.

그 환청을 따라 6·25전쟁 때까지 거슬러 올라가본다. 조국이 불바다가 된 후 잿더미 속에서 얻은 것이라곤 세계에서도 제일 못사는 지독한 가난이었다. 그런 가난을 물리치고 공산주의자들에게 승리하기 위한 수단임을 명분삼아 5·16군사혁명이 일어났다. 그 당시 혁명정부의 목표였던 경제발전과 산업화를 위해 많은 돈이 필요했지만 온 세상에서 거지 취급을 받던 한국에 돈을 빌려줄 나라는 하늘아래 어디에도 없었다. 유일한 우방이라고 생각했던 미국에 우리 대통령이 사정을 해보려고 갔지만, 미국 대통령은 혁명세력이라 하여 아예 만나주지도 않았다.

지푸라기라도 잡고 싶은 참담한 심정으로 분단된 공산국 동독과 대치되어있는 서독에 노크했다. 서독에서 간절히 필요했던 간호사와 광산 노동자를 담보로 사절단을 통해서 1억4천만 마르크를 빌린 것이 차관의 최초였고, 조국근대화의 점화點火였다.

약속대로 정부에서는 서독에 파견할 간호사와 광부를 모집했는데, 얼마나 살기 어려웠으면 독일인이 마다하는 그 험한 일자리를 놓고 희망자가 수십 대 일, 수백 대 일이나 되었을까. 그때 많은 경쟁자 속에서 선발되어 낯선 땅 독일로 간 간호사들은 말이 잘 통하지 않는 시골 병원으로 뿔뿔이 흩어졌다. 그곳에서 맡은 일은 이방인의 시체를 닦는 일이었다. 어린 간호사들에게는 가혹한 임무였지만 그들은 선택의 여지없이 거즈에 알코올을 묻혀 딱딱하게 굳어버린 시체를 닦고 또 닦았다. 부패한 시체의 역겨운 냄새에 질렸지만 달이 가고 해가 바뀌어도 그런 일만 계속했다.

같이 간 광부들도 지하 일천 미터가 넘는 광鑛 속에 들어가 뜨거운 지열을 받으며 석탄을 캐내는 일에 땀을 쏟았다. 가난 때문에 겪어야 하는 설움을 삼키며 하루에 열 두 시간씩 모두들 억척스럽게 일했다. 서독의 방송과 신문들도 열심히 일하는 한국 간호사와 광부들을 보고 대단한 민족이라며 찬사를 아끼지 않았다. 그때 붙여진 별명이 '코리안 엔젤'이다.

몇 년 후, 서독 대통령이 우리나라 대통령을 초청했다. 서독 시민들은 플래카드를 들고 연도에 나와 뜨겁게 환영해주었다. 그때 들고 나온 플래카드 구호는 '코리안 간호사 만세!' '코리안 광부 만세!' '코리안 엔젤 만세!'였다.

대통령이 미국에 갔을 때, 썰렁했던 분위기를 회상하면서 서독의 환영이 감격에 겨워 눈물을 글썽거렸다. 일정에 따라 모국 대통령의 연설회장에 간호사와 광부들이 모두 모였다. 먼저 애국가 제창이 있었다. 하지만 간호사, 광부, 대통령, 수행원 할 것 없이 힘없는 조국의 한이 맺혀 노래 소리는 입이 아닌 눈으로 쏟아졌다. 연설회장이 울음바다를 이루었다.

시커멓게 그을린 광부들의 얼굴과 간호사들의 가냘픈 모습을 다시 둘러본 대통령은 목이 메어 말이 나오지 않았다. 한참 동안 침묵이 흘러간 다음, "우리 조국이 잘 살 때 까지 후손들을 위해서 열심히 일합시다." 겨우 젖은 목소리로 위로를 했다. 연설을 마치고 나갈 때, 광부들은 서독 대통령 앞에 몰려가서 큰 절을 하며 "한국을 도와주십시오! 우리 대통령을 도와주십시오! 우리는 무슨 일이든지 열심히 하겠습니다."라고 외치면서 바닥에 엎드려 일어날 줄을 몰랐다. 간호사들도 영부인에게 몰려 "어머니! 어머니! 하면서 치맛자락을 붙잡고 울부짖었다. 참고 또 참았던 설움이 파도가 되었다.

두 대통령이 같은 차를 타고 호텔로 돌아 갈 적에 박정희 대통령은 계속 눈물을 닦고 있었다. 그 때 뤼브케 대통령은 손수건을 건네주면서 "우리가 도와드리겠습니다. 서독 국민들이 도울 것입니다."라고 위로했다.

이 순간의 분위기, 그 감동이 우리 경제 회생의 시발점이 되었음은 물론이다.

퇴원하는 날, 간호사는 아내의 간병인인 나에게 당부를 하고 또 한다. 자가 치료에 관한 주의사항이다. 그 간호사의 얼굴에, 자꾸만 독일에 파견되었던 간호사들의 얼굴이 겹쳐지는 듯했다. 봉사정신이 돋보이는 그 거룩한 직업을 보면서 역사 속에 큰 역할을 해냈던 근로자들을 다시 생각해본다.

한국 경제발전의 서곡序曲을 울린 그때 그 '코리안 엔젤'은, 지금쯤 어디서 어떤 모습으로 살고 있을까.

천생연분

친구에게서 전화가 왔다. 뜻밖에 부친의 부음訃音이었다. 모친께서 돌아가신 지 두 달이 채 못 된 것 같은데 어찌된 일일까. 90을 바라보기까지 무병장수하고 금슬 좋기로 소문난 노부부였다.

어릴 때부터 친구 따라 허물없이 뒹굴며 쌓아놓은 정의 한쪽 벽이 무너져 내린 기분이다. 친부모와 다름없는 모친의 자상하신 보살핌과 부친의 정이 두툼한 눈빛이 뇌리를 스친다.

얼마 전 모친의 장례식에 참석했던 때도 86세의 노구답지 않게 건강하시던 모습이 아니던가. 너무 상심하지 말라는 위로와 함께 손을 감싸 쥐어 드렸을 때 "얘들아! 난 아무렇지도 않다!"하시면서 일부러 태연한 모습을 보이셨다. 그러나 그 태연한 모습 속에 감추어진 아픔의 깊이를 누가 알았을까.

20대 초반에 아내를 맞아 갯마을에 보금자리의 닻을 내린 지 65년째. 남들의 일생보다도 더 오랜 기간 해로하면서 단 한 번의 눈 흘김도 말다툼도 없었던 사이, 남편은 고기잡이에 청춘을 묻었고, 아내는 농사를 돌보면서 슬하에 3남 4녀를 두었다. 출세한 자식들은 도시로 외국으로 더러 떠나고 이순耳順을 바라보는 큰아들 내외와 함께 살았지만 최근에 몸져눕기까지만 해도 집안의 잔일 마다않고 지게에 짐을 지고 다닐 정도로 건강이 놀라우셨다. 그런 건강도 반려자를 잃은 아픔에는 무너지고 말았으니 그 아픔의 크기를 헤아릴 수 없다.

  모친의 장례를 마치고 사흘째 되던 날, 부친께서 성묘 길에 나설 때도 자식들은 무턱대고 말리기만 했을 뿐 그 속마음을 읽지 못했다. 평소에 과묵한 편인 부친은 이웃집 노인들에게 그날 아내 잃은 진솔한 심정을 토로하시더라는 것이다. '이 세상에서 제일 귀한 보물을 손에 잡았다가 남에게 빼앗긴 억울함보다도 몇 갑절 더 억울한 심정'이라고.

  어느 날 아무도 몰래 할멈의 묘소를 찾았다. 확실히 죽었는지 흙을 헤집고라도 확인하고 싶었을까. 아무도 보지 않는 곳에서 체면 같은 것을 다 던져버리고 몇 시간이나 목 놓아 울었을까. 온갖 산새들의 지저귐 속에서 할멈의 정다운 음성이 섞여 있음을 착각이라도 하고 넋을 잃었는지도 모른다.

  65년을 못다 한 이야기를 흘러가는 구름에다 실려 보냈을까. 묘소를 쓰다듬으며 죽음 저쪽에서 재회를 약속했는지 누가 알랴. 그날 묘소에 다녀온 후 우유를 마셨다. 그러나 그 우유는 목에 걸려 넘어가지 않았다. 할멈 생전에 매일같이 정성을 섞어 끓여 마주하고 들어도 아무 탈이 없었는데 그날따라 왜 목에서 받아들이지 않았을까. 그때부터 다른 음식도 먹을 수가 없었다. 병원에 입원까지 했지만 아무 소용이 없었다. 영양제 주사만으로는 두 달을 넘길 수가 없어 결국 유명을 달리하고 말았다. 순정純情 따라 가는 길에 무슨 미련인들 있었을까마는 한마디 유언도 없이 조용히 떠나셨다.

마을 사람들은 입을 모아 보기 드문 천생연분이라 했다. 죽음까지도 따라 넘는 연분! 어두운 시류時流의 하늘에 쏘아올린 화려한 불꽃이던가. 그런 연분에다 감히 나의 연분 따위를 포개본다. 어림없는 시도인 줄 알면서 순전히 오기다. 남남으로 만나 어느새 혈연의 창조자가 되어버렸는데도 중한 연분임을 깨닫기는커녕 그저 예사롭고 시들한 대상으로 취급한 지 수십 년. 때로는 미운데도 드러나 다투던 날도 있었지만 이제는 어지간한 충격쯤은 덤덤하게 받아넘기는 나이가 되었다.

흰 머리카락에 신경을 쓰고 돋보기가 있어야 책을 읽겠다는 나의 동반자. 오늘 아침에는 출근길을 배웅하는 아내에게 무뚝뚝한 뒷모습을 보이기 전에 모처럼 손이라도 한번 꼭 쥐어줄까. 혼자만 아는 새 출발의 신호로······.

작심삼일이 되기 전에 올 여름 휴가는 아내의 구겨진 마음을 펼 수 있는 여행이라도 서둘러 볼까. 그 여행계획에 천생배

필인 노부부의 묘소 참배도 꼭 넣어야겠다. 아내와 함께 묘소에 나란히 서서 묵상하리라.

 평범함 속에 진실을 담고, 은근한 분위기에서도 진한 사랑의 불씨를 오랜 세월 변함없이 다독거렸던 영면永眠한 동반자의 명복을 빌면서…….

그 아픈 이야기

 지난주, 한산 섬에 있는 진주 양식장을 둘러보았다. 분홍색 부표浮漂들이 여러 줄로 정연하게 수 놓여 있고, 녹음이 짙은 또 하나의 산이 바다에 편안하게 누워 있었다. 배의 엔진소리가 바다의 고요를 깨뜨리면서 선창에 닿자 진주 양식에 일생을 바쳐 온 김 사장이 방문객을 맞아들인다. 이분이 진주 양식을 시작한 지는 25년째가 되는데 그중 20년은 실패만 거듭하는 허탈의 나날이었다고 한다.
 진주 씨를 잉태시키는 시술 실에 들어서니 벽면에 '정숙'이라는 큰 글자가 분위기를 조용히 감싼다. 10명의 젊은 남녀 시술사들이 탁자를 앞에 하고 정성스레 조개 수술을 하고 있었다.
 진주의 씨를 심을 조개는 3년생인데 사람으로 치면 꽃다운 나이라고 한다. 건강한 조개는 생식소의 수술이 어려우므로 수술하기 5개월 전부터 일부러 죽지 않을 정도의 충격을 주어서 허약한 체질로 만든다는 것이다. 기진맥진한 조개를 생식소의 벽을 가르고 진주 핵이라는 이물질을 집어넣는다. 이것이 진주조개의 아픔의 시작이다.

　수술을 마친 조개는 임산부를 다루듯 보름 동안 요양을 시킨 후 채롱에 넣어 바다 뗏목에 매달게 된다. 수술의 자국이 아물고 나면 조개의 자궁 안에 들어온 이물질인 핵과 또 싸워야 한다. 어둡고 아프고 고통스런 비탄 속에서 몸부림할 때마다 이상분비물이 생기고 그 분비물이 핵을 서서히 둘러싸게 되면 엷은 진주층이 한 겹씩 쌓이게 된다. 밤하늘의 달과 심해의 어둠이 만들어 낸 역설의 광채. 그래서 진주는 인어의 눈망울이라 했던가. 이런 시련을 2년여 견디는 동안 수많은 진주조개의 신음소리가 들리는 듯하다.

　진주 양식을 하는 바다는 깨끗하고 잔잔하면서 영양이 풍부하고 계절에 관계없이 늘 푸른 산그늘이 드리운 곳이래야 한다. 거센 파도가 몰아칠 때나 지나다니는 배의 기관소리에도 놀라서 분비물이 잠시 멎게 되므로 진주의 면이 고르지 못하고 좋은 색깔을 낼 수 없다는 것이다. 이런 것을 다 방지하려면 밤낮이나 비바람을 가리지 말아야 한다. 보살피는 정성이 조금만 모자라도 귀찮은 기생물이 잡초처럼 돋아나고 해적 생물까지 붙어서 아픈 조개를 더 괴롭힌다. 바다 밑에서도 완전히 평온한 영역은 없는 것 같다. 그러다가 태풍이 한번 바다를 뒤집어버리면 지금까지의 보살핌도 물거품으로 돌아간다. 이럴 때에는 전부를 버리고 다시 시작해야 한다. 이렇듯 한 알의 신비로운 진주를 탄생시키려면 어린이를 키우듯 애정과 정성을 쏟아야만 한다.

좋은 진주는 구슬모양의 완전한 원형으로 결이 없이 매끈하고 고와야 한단다. 색깔도 백색, 은백색, 황색 등 여러 가지이나 핑크빛에 가까울수록 좋고, 그것도 바다 빛이 안개처럼 은은하게 섞이면 더욱 좋다고 한다. 퍽 드물기는 하지만 보는 사람의 시각과 주위 환경에서 반사되는 빛의 영향에 따라 각각 다르게 보이는 신비한 색깔일수록 최상품이라는 말을 듣는 순간 내가 잘 아는 도공의 이야기가 떠오른다.

흙의 신비에 매혹되어 한평생을 살아온 그분과의 만남에서도 정성스런 눈빛을 읽을 수 있었다. 여러 가지 흙을 섞어서 이길 때 자신의 혼도 같이 섞어야 하며, 돌아가는 물레와 일체가 되어 손끝으로 도자기 형태를 빚으면서 신비로운 색깔을 기원한다. 불기운의 높고 낮음과 길고 짧음의 조화에서 오만 가지 색깔이 빚어진다고 했다. 그래서 불을 다루는 달관은 수백 년을 거듭해도 모자라기만 하단다. 유약으로 쓰는 재의 조화도 신비롭기만 하다. 솔잎을 태운 재를 유약에 따로 섞어 발라서 높은 열에 구워내면 본래의 색깔로 환생된다는 것이다. 솔잎 재가 들어간 도자기는 은은한 솔잎 색깔로 나타나고, 콩깍지 재는 콩의 색깔로 나타낸다는 말을 듣고 나는 놀라지 않을 수 없었다. 고운 선線, 순한 색이 조화롭게 나타나고 비천상飛天像이 생동하는 작품을 만나면 도공도 어느새 하늘을 나는 신선의 환각에 빠지게 된다. 그러나 그러한 순간은 흔하지 않다고 했다. 추호의 순리와 조화를 벗어나도 도자기의 면이 뒤틀리고 터지고 고르지 않는 색깔이 되어 허탈과 아픔을 불러내는 때가 더 많다고 한다.

그렇게도 어렵게 탄생되는 청백자의 색깔일수록 더욱 아름답고, 천 겹이 넘는 아픈 희생의 결정체인 진주일수록 더욱 신비로운가 보다.

배를 타고 돌아오면서 자신의 살아가는 인생의 모습을 곰곰이 생각해 본다. 도공의 정성으로, 콩깍지 재가 콩의 색깔로 환원되고 솔잎의 재는 솔잎 색깔로 환원되는데, 내가 죽는다면 과연 어떤 색깔로 남을 것인가. 지금부터라도 나의 마음속에 진주가 되는 씨 하나를 소중히 묻어두고 싶다. 그리하여 진주층이 눈물처럼 쌓일 때마다 아픔을 배우고, 그런 아픔을 이겨내는 진주조개처럼 신비로운 진주 빛 글을 남기고 싶다. 그런데 나는 아직도 정성의 샘이 너무 얕고 작은 아픔도 참을 수 없으니 그 진주 빛 소원은 너무 지나친 욕심이 아닐까.

섬김과 나눔

 이웃을 섬기고 그 섬김을 서로 나눈다는 것은 인간의 향기를 만드는 일이다. 그 향기는 단순하지 않아서 잘 다독이기만 하면 시들지 않는 행복의 꽃이 될 수도 있다. 그런 꽃이 만발할 수만 있다면 이 지상은 천국을 닮아 있을 것이다. 이런 문제를 가슴에 안고 살았던 어느 바보스런 청년의 이야기가 있다.
 대학을 졸업하면서 내과전문의가 된 그는 전국 의사들이 파업을 했을 때, 신음하고 있는 환자들을 두고 그 투쟁대열에 동참할 수 없었다. 하루 한두 시간 눈을 붙이고 진종일 한 끼로 겨우 시장기를 때우면서도 혼자 그 수많은 환자를 돌보아야했다. 또 혈액원에 피가 모자란다는 소식을 접한 그는 서른 번이 넘는 무리한 헌혈도 마다하지 않았다. 언제나 그는 섬김과 나눔 앞에 자신을 묻었다. 그러다가 서른세 살의 나이에 아깝게도 불의의 사고를 당하여 하늘나라로 갔다. 서둘러 떠난 그는 분명 천국소망을 일찌감치 이루었을 것이다.

어차피 한 번 지나가고 마는 인생 여정旅程. 길고 어둡게 사느니, 짧게 살아도 그 영혼은 영원한 생명의 길 얻었으니 알고 보면 그는 바보가 아니었다.

영국에서 있었던 또 다른 이야기를 어디서 읽었던 기억이 난다.

부유한 어느 귀족의 아들이 어렸을 때, 스코틀랜드의 시골에 물놀이를 갔었다. 맑은 물이 하도 좋아 그는 준비운동도 없이 호수에 뛰어들었다. 그 순간 발에 쥐가 나 익사할 위기에 처했을 때 부근에서 일하던 시골소년이 그를 구해 주었다. 그런 인연으로 이들은 곧 친구가 되었고 편지로 계속 우정을 다졌다. 농부의 아들이 초등학교를 졸업하게 되자 귀족의 아들이 물었다.

"넌 장차 무엇이 되고 싶으냐?"

"의사가 되고 싶지만 우리 집은 가난하고 형제가 아홉이나 되어서 더 이상 진학할 수 없고 집안일을 도와야 해."

딱한 처지를 알게 된 귀족 아들은 아버지에게 이 사실을 통사정하여 도와주기로 허락받게 되었다. 그리하여 런던으로 데려갔던 것이다. 그로부터 농부의 아들은 소망했던 런던의과대학을 나오게 되었고, 포도당구균이라는 세균을 연구하여 인류 최초의 항생제인 페니실린을 발명했다. 그리하여 1945년 노벨의학상까지 받게 된 그가 바로 알렉산더 플레밍(1881~1955)이다.

이렇게 훌륭한 의사가 되도록 도와준 귀족 아들은 정치가로 뛰어난 재능을 보이면서 26세의 나이에 국회의원이 될 수 있었다. 이 유망주 정치가는 국가가 존망의 위기에 처한 전쟁 중에 폐렴에 걸려 생명이 위태롭게 되었다. 그 당시까지 불치의 병으로 알려졌던 폐렴의 치료약인 플레밍이 만든 '페니실린'이 급송되어 그의 생명을 또 건지게 된다. 이와 같이 농부의 아들이 두 번씩이나 생명을 구해준 귀족의 아들이 바로 노벨문학상까지 받고 영국 역사상 가장 위대한 지도자 윈스턴 처칠(1874~1965) 수상이다.

이 두 사람 사이에 이루어진 섬김과 나눔의 진리가 없었다면 이런 기적 같은 일이 어찌 일어났을까.

이 지상에 사는 내 자신을 포함한 많은 사람들은 섬김과 나눔을 외면한 채 아직도 자기만의 욕심과 교만의 잔치 속에서 헤맨다. 그러다가 미움과 갈등, 욕심과 경쟁, 분노와 다툼의 수라장을 만든다. 끝도 없는 욕심을 달성하기 위하여 온갖 방법과 추악한 수단까지 동원하다가 씻을 수 없는 낭패를 당하기도 한다. 그리하여 결국 죽이고 죽기까지 악을 쓴다. 추호의 손해도 추호의 양보와 희생도 없이 철저한 이기적인 삶은 본래 신이 인간에게 내려준 몫이 아닐 것이다.

평생 먹을 것만 아는 돼지도 이렇게까지는 악랄하지 않으니 인간답기 위해서라도 크게 반성해야 하리라.

인간이기에 바라볼 수 있고, 또 바라보아야하는 향기로운 행복의 꽃. 그런 꽃이 만발한 세상에 살아볼 수 없을까.

2부

촛불
밀물과 썰물
욕심을 비운 자리
잘못된 시상施賞 풍토
저녁 놀
까치 이야기
길 잃은 참새
나약한 청소년
그때 그 물맛

촛불

　정부에서 지급하는 첫 노인교통비를 수령했다며 자랑삼아 이야기하는 아내의 얼굴에서 초가을 단풍잎 같은 인상을 읽을 수 있었다. 이제 완전한 노인 취급을 받을 나이에도 불구하고 매끼마다 밥상을 차려야하는 부담이 오죽하랴. 저녁상을 물린 뒤, 차 두 잔을 응접실 탁자 위에 올려놓는다. 마침 어둔 창밖에는 가을비가 조용히 내리고 있었다. 이때 나는 약간의 장난기를 발동하여 첫 노인교통비 수령 기념잔치를 열기로 했다.
　우선 문명의 이기인 실내의 전깃불을 다 끄고 팔목만한 대형 초에다 불을 붙였다. 그 촛불을 찻잔 옆에 올려놓고 둘이서 다향에 젖으며, 할 말은 있어도 묵연히 명상에 잠겨보기로 했다. 가느다랗게 흔들리고 있는 그 촛불은 바람 따라 조용히 몸짓하는 생명처럼 느껴졌다. 자신의 몸을 태우면서 어둠을 밀어내는 헌신의 표본이었다. 이렇게 촛불만 바라보는 분위기로는 너무 단조로워서, 평소 아내가 좋아하는 어느 외국 여자 가수가 불렀다던 〈AMAZING GRACE〉를 들어 본다. 촛불에 멜로디가 가세하여 한바탕 향연이 벌어진다. 수많은 천사 무희들이 환상 속을 가득 메운다. 한마당 황홀한 분위기가 연출되는 듯하다.

촛불의 색깔이 꿈인 듯 무지개 색으로 변했다.

그 색깔과 빛이 사랑이라면 자신을 허물고 베푸는 진실한 사랑이다.

그 색깔과 빛이 사람이라면 자신을 희생하면서 어둔 세상을 밝히는 위대한 봉사자다.

그 색깔과 빛이 말씀이라면 '네 이웃을 위하여 기쁘게 희생하라'는 진리의 말씀이다.

엄숙한 마음 가다듬고 촛불 앞에 서면 욕심이 사라진다.

미움도 시기도 사라진다.

아픔도 조용히 녹아내린다.

그 촛불 속에는 간절한 눈물의 기도가 있기 때문이다.

그 촛불 속에는 아내의 일생을 담은 파노라마가 지나가고 있었다.

밀물과 썰물

 가끔 바닷가를 거닐 때마다 밀물과 썰물의 몸짓을 보게 된다. 썰물일 때는 멀리까지 갯벌이 드러나 속살을 보이기도 하고, 밀물일 때는 파도 막이 호안護岸과 키 재기를 하다가 길에까지 슬금슬금 기어오를 때도 있다.
 예사로 바라보는 바다도 가까이 보면 이렇게 시시각각으로 변하고 있음을 느끼게 된다. 이런 변화를 단순한 간조와 만조의 반복이라고 보아야 하는가. 아니면 밤이 있으면 낮이 있는 것처럼, 자연의 순리라고 일축해버릴 것인가. 바다가 이처럼 밀물과 썰물로 반복하듯, 인간 세계에서도 상대개념이 교대로 마음을 지배하지 않던가. 기쁨이 있으면 슬픔도 있고, 행복이 있으면 불행도 있다.
 안이安易와 근심, 안일과 고통, 해방과 구속, 건강과 질병,

즐거움과 괴로움, 사랑과 미움, 등 다 헤아리자면 한이 없겠다.

누구나 슬픔보다는 기쁨을. 불행보다는 행복을, 미움보다는 사랑을 바라며 살아간다. 그러나 세상사 마냥 좋은 일만 연속되는 법은 없으니 그것도 순리가 아닐까. 다만 어느 쪽에 비중을 두느냐에 따라 삶의 모습이 달라질 수 있으리라.

살다보면 행복했던 순간들은 쉽게 잊을 수 있으나 상처받은 순간들은 마음 속 깊이 입력되기 마련이다. 그래서 그 상처들을 마음 밭에 나열해 놓고, 불행했던 과거들만 떠올리며 사는 것이 우리 삶의 모습이 아니던가.

나도 한때, 작은 권력(?)의 중심에 있다가, 벗어난 후로 여러 모양의 배신에 부닥치는 때가 있었다. 때로는 착잡한 심경이기도 했지만 그 모든 원인을 내 탓으로 돌려본다. 남들이 주목하는 위치에 있었기 때문에, 언젠가는 소외된 위치로 내려와야 하는 것이 당연한 순리라 생각된다. 찬란한 햇살이 지나가면 어둔 밤이 오는 것을 어찌 거역하랴.

그렇게 마음의 성城을 쌓아 보았지만 어느 순간 그래도 답답할 때가 있었다. 그럴 때는 고운 노래를 골라 들어본다. 노래도 높고 낮은 음音의 조화로 이루어진 것이 아닌가. 그런 하모니가 감각을 매혹시켜 줄 때 마음에 파문이 일어나기 시작한다. 노래 중에는 감미롭고 아름다운 노래, 환희와 기쁨을 창출하는 노래도 있지만, 눈물과 이별의 노래도 있는 법. 그래도 고저高低의 조화는 무조건 아름답다.

사랑과 미움까지도 조화롭게 아름다운 멜로디로 승화시키면서 살아갈 수는 없을까.

밀물과 썰물의 현묘玄妙한 이치를 마음속에 새기면서, 순리대로 담담하게 사노라면 잡다한 번민煩悶도 더러 물러가리라.

욕심을 비운 자리

　사람은 누구나 행복해지기를 원하며 산다. 어떤 모양인지 어디에 있는지도 모르는 그 행복을 찾기 위하여 분주히 헤매는 것을 흔히 볼 수 있다. 찾는 것이 재물인지, 권력인지, 쾌락이지, 천방지축 허덕이다가 너무 지나치면 불행의 늪에 빠지는 경우도 있다.
　위만 보고 달려가는 사람의 욕심은 끝이 없어서, 어쩌다 목표했던 것을 찾았다고 해도 그것만으로 완전한 행복이 보장되지 않는 경우가 많다. 그렇다면 도대체 그 행복이라는 것이 어디쯤에 있는 것일까. 아마도 각자의 마음속 깊고 낮은 곳에 숨어있을 것 같다는 엉뚱한 생각을 해 본다. 다만 그것을 캐내는 방법이나 의지에 따라 그 귀한 보물을 찾을 수도 있고, 영영 찾지 못할 수도 있을 것 같다. 나는 이 문제에 대해서 최근에 나름대로 작은 경험을 할 수 있었다.

지방자치시대를 맞아 민선 초대, 2대 단체장 직을 마치고 더 이상 도전하지 않기로 결심했다. 현행법상 세 번까지 할 수 있고 남들이 말하기를 당선 가능성도 충분하다고 떠밀었지만 기어코 두 번 만으로 욕심을 접었다. 그렇게 하는 데는 약간의 용기도 필요했지만 스스로 비워버렸더니 많이 홀가분하고 떳떳했다. 이렇게 비워낸 낮은 자리에 만족이라는 새로운 샘물이 고이는 것을 느꼈다.

권력(?)에서 떠났다고 간간이 마음을 흔들어 놓는 배신의 분위기도 있지만, 그것은 삶에 있어서 적당한 리듬이라고 생각해 버린다.

옛 선비들은 애완구愛玩具로 대 마디를 토막 내어 밑바닥에 작은 구명을 뚫고 물을 채워서 머리맡에 두고 분수를 지키는 교훈으로 삼았다고 한다. 그 대 물통은 80%까지 물을 채워도 아무 이상이 없다가 그 선을 넘어 가득 채우면 그때부터 새기 시작하여 바닥을 보인다고 한다. 그래서 그 신기한 물통을 분수를 지키는 분수 통이라고도 하는데, 나 역시 이 애완구의 영향을 받은 것이 아닐까.

자치단체장을 세 번까지 도전하여 잘하는 사람도 있지만, 일부는 낭패를 당하는 경우를 볼 때, 옛 선비들의 지혜를 다시 한 번 감탄하게 된다. 이처럼 분수 통은 욕심의 80%만 지키라고 했지만, 현실적으로 적당한 분수가 어느 선까지인지 잘 모른다. 그 문제에 대해서도 어느 시인이 정의를 내려놓은 것을 본 기억이 난다.

'……일어설 때가 언제인가를 알고, 스스로 일어서는 자의 뒷모습은 아름답다……'

 분수를 지키는 한계란, 자기 나름의 판단에 맡길 수밖에 없겠지만, 어쨌거나 자신이 지금 처해있는 위치에서 만족할 수만 있다면 행복은 바로 그 자리에 있을 수 있다.
 비워낸 만족을 감사의 보자기로 싸면 영락없이 행복이라는 보물이 될 것 같다.
 한가로운 시간이 있을 때마다 나는 감사의 대상을 묵상하며 찾아본다. 그렇게 할 때마다 여름날 수평선 너머 뭉게구름처럼 감사의 꽃이 피어나는듯했다.

잘못된 시상施賞 풍토

옛날부터 상벌賞罰은 나라의 큰 법규로 여겼다. '상벌은 한 사람을 상 주어 많은 사람을 권장하고, 한 사람을 벌주어 많은 사람을 두려워하게 하는 것이어서 지극히 밝아야 하는 것은 당연한 이치다. 밝지 못하고 중도中道를 잃으면 나라의 인심을 감복시키지 못 한다'고 정몽주의 포은집圃隱集에도 기록하고 있다.

상벌에 대한 인식이나 영향은 예나 지금이나 다를 바가 없으며, 현대는 물론 어느 시대에도 마땅히 지켜져야 할 진리라 할 수 있다. 어떤 일이 있어도 중도를 지켜야만 상벌의 권위를 유지할 수 있음은 당연한 이치라고 생각된다. 그런데 오늘날의 상황을 보면 벌은 전통적으로 지켜진다고 볼 수 있으나, 상은 정상괘도를 더러 이탈한 추세다.

상은 공功을 권장하기 위함이니 반드시 객관적인 입장에서 찾아 주어야 할 것이다. 여기서 공을 찾는 측은 반드시 이웃이나 특정 단체나 나라 등 타인이라야 하며 당사자는 절대 나설 일이 못된다. 그런데 그 상은 내가 꼭 받아야 한다는 생각으로 수단방법을 가리지 않고 교섭하여 목표한대로 결과가 나타난다면, 상의 중도는 간 곳 없고 드디어 경쟁의 시대로 전락하고 만 셈이 아닌가.

옛날보다 인구가 증가되고 사회가 복잡해져서 그런지 몰라도 최근에는 이런저런 개운치 못한 후문이 더러 회자되고 있다.

이러한 분위기를 틈타서 어떤 특정 단체에서는 수상대상자를 선정하여 일정액의 성금을 내면 시상하겠다고 하는 어이없는 교섭을 하는 예도 있다.

또 수상 신청을 당사자가 하도록 제도적으로 문을 열어 놓고 경쟁적인 분위기를 만드는 단체도 있다고 하니, 우리가 보존해야 되는 수상풍토의 중도는 이미 허물어지기 시작했다. 이런 판국에 수상다운 수상을 해도 탁류에 흐려져서 그 공이 잘 보이지 않는 분위기가 될까 두렵다.

문제는 '내가 상을 꼭 받아야한다'고 나서는 수상 희망자는 아무리 큰 공이 있어도 수상 자질이 부족한 사람이니 대상에서 반드시 배제되어야 마땅하다.

어디선가 이런 분위기에 맞는 글을 본 기억이 떠오른다.

'나이 사십이 넘고서도 상 타기를 좋아하는 사람은 영원히 어른이 될 수 없는 사람이다.'

아무튼 상벌의 중도가 지켜지기를 바라는 마음 간절할 뿐이다. 이 어찌 내 혼자만의 바램이랴만.

저녁 놀

 노을이 타고 있다. 한 점 연기도 없이 선명하면서도 장엄한 색깔로 타고 있다. 그 색깔 속에는 강한 열정이 일렁거린다. 무섭도록 찬란하다. 흔히 볼 수 없는 감동적인 장면이다. 하루 해가 넘어가면서 빚어내는 광경이 이토록 황홀한 줄을 나는 미처 몰랐다.
 나이 들면 매사 감각이 둔해진다는데, 노을에 한해서는 더 예민해지는 이유가 무엇일까. 아마도 내 가슴속으로 노을이 진하게 전이轉移된 탓인가 보다.
 오래전부터 간혹 이 '달아 공원'에 올라와 바다 건너 타는 노을을 본적이 있었지만, 그때는 그저 아름답게만 보였다. 그러나 오늘의 노을은 다르다. 예사롭게 타는 모습이 아니고, 그 빛이 유달리 진하다.

아침을 눈부시게 열었던 해가 하루의 드넓은 하늘 괘도를 따라 모래알 같은 역사를 창조하고 돌아오면서, 묻어온 인간이 빚어낸 퇴적물을 태우고 있기 때문인지도 모른다. 선악과 영욕의 마찰, 대결과 쟁취, 투쟁과 전쟁, 상상을 초월하는 죄악 등으로 발생한 퇴적물들이 태워지고 있는 모습이라서 색깔이 저렇게 진한지도 모른다.

내 안에 있는 노을을 살펴본다.

지금까지 살아오면서 묻어온 퇴적물은 많은듯한데 아직 타는 색깔을 감지感知할 수 없다. 열정적인 빛이 없는 이유가 무엇인지를 탐색하기 위하여 잠시 노을 이전의 모습을 뒤돌아보게 된다. 아침햇살처럼 당당한 모습으로 인생의 문을 열지는 못했지만, 그것은 내 죄가 아니었다. 성년기부터는 나름대로 땀흘려보았으나 뒤돌아보니 보람은 쭉정이 뿐이다. 남들처럼 세상에 머물면서 제대로 된 흔적이라도 남기고 싶었으나 그것마저 미미하니 흉년을 만난 농부의 심정이다. 그런 과정을 하루처럼 거치면서 퇴적물만 가득 묻혀온 꼴이니 한심스럽다. 퇴적물이 어디서 그렇게 많이 묻어 왔을까.

살아오면서 가장 많은 퇴적물이 쌓인 시기는 아마도 단체장 선거를 치를 때인 것 같다. 선거라는 풍토가 원래 무기 없는 전쟁이라지만 나에게는 너무도 곤혹스러웠다. 온갖 묘략중상과 더불어 물어뜯는 살벌한 파도가 태풍처럼 몰려왔을 때, 나는 사나운 매에게 공격당한 토끼처럼의 모습이었다. 성격 탓이겠지만 맞대응할 엄두를 내지 못했던 것이다. 그렇게 당하면서 비로소 나는 선거체질이 못 된다는 것을 깨달았을 뿐이다.

지금 생각하면 그런 파도를 두 번씩이나 어떻게 넘었는지 꿈만 같다.

선거 당시 거센 파도의 주역 중에, 주인공 보다 오히려 곁에서 훈수訓手 들었던 꾼들은 세월이 한참 지났는데도 아직 눈초리가 독수리 발톱을 닮아있다. 최근에 그것을 절실히 느끼게 한 사건이 발생했다. 통영출신 유명예술인들을 조명하는 책을 발간하기 위해 준비를 하다가 중단된 사건이다. 거명하면 누구나 알 수 있는 유명예술인 열다섯 사람을 선정하여 업적을 조명하고, 사진과 함께 컬러판으로 편집이 끝났을 때다, 이런 사실을 본인이나 유족에게 승인을 받고자 협의를 하다가 그만 벽에 부딪고 말았다.

"그 책에 내 이름은 거론하지 말라."는 것이다.

열다섯 사람 중에 유족을 포함한 두 사람이 반대하고 나섰다. 누구보다도 영광스럽게 생각해야할 예술인 자신이나 그 유족이 이 일을 반대하고 나서리라고는 미처 생각하지 못했던 것이다. 인격권人格權이나 초상권肖像權 시비에 말려들지 않기 위해서는 억지를 부릴 처지도 못된다. 그러니 부득이 다 된 일을 접어야 할 형편이 되고 말았다.

이 사건도 따져보니 결국 선거 당시 상대 경쟁자의 이간질에 말려든 케이스 같다. 그런데 그 당시 대결했던 당사자와는 인간관계가 다 회복되었는데, 곁에서 훈수들었던 분들이 적대관계를 아직도 지우지 못하고 있으니 정말 아이러니컬하다. 이렇게 적군들이 도처에 아직도 남아있다고 생각하니 지뢰를 밟고 사는 기분이다.

아무튼 내 인생 역정歷程에서 다 털어내고 태워야할 부분들이다. 그러고 보니 내 안의 노을은 지금 바다너머 타고 있는 저 노을처럼 단순하지 않다. 그냥 세월 속에 묻어서 자연스럽게 태울 수는 없겠고, 진한 관용과 온유와 기도라는 쏘시개를 잘 다듬어서 그 위에 올려놓을 수밖에 다른 방법이 없겠다. 해치는 사람을 위해서 더 열심히 기도하라는 성서의 말씀이 이럴 때를 두고 하신 말씀인가.

선거 원인 말고도, 일생 살아오면서 얼룩지고 그늘진 부분들은 또 얼마나 많은가. 그런 것까지도 함께 태우고 싶다. 태울 것 다 태워진 깨끗하고 순수한 노을, 그런 노을을 갖고 싶은 마음 간절하다.

까치 이야기

 이른 아침에 까치 소리를 들으면 그날은 기쁜 일이 생기거나 반가운 손님이 온다고 어릴 때부터 들어왔다.
 생김새는 까마귀와 비슷하면서도 색깔은 길조吉鳥 답다. 머리에서 등과 꼬리까지는 윤이 나는 검은색이지만 어깨와 배는 흰색으로 깔끔하다. 마치 흰 와이샤쓰에 검은 정장을 한 신사처럼 품위 로와 산뜻하다. 그러면서 사람들에게 해를 끼치지 않는 새로 알려져 왔다. 죽어있는 산山짐승이 그들에게는 주식이므로, 까마귀와 함께 썩은 사체死體 처리 역할을 충실히 해내는 고마운 무리다.
 어쩌다 솔개가 까치집을 빼앗으려 할 때 한바탕 시비가 벌어진다. 솔개와 까치는 일대일 적수는 되지 못한다. 그러나 떼까치가 일시에 달려들면 솔개도 맥을 못 춘다. 여기서 놀라운 사실은 까치들의 통신망이다. 분명 인간세계의 전자 통신망을 능가한다. 비상연락이 어떻게 되는지 모르지만 순식간에 떼 까치가 새까맣게 몰려들어 그 사나운 솔개를 퇴치하고 만다.

조류계에서 협동심이 강하기로 유명한 까치지만 평상시에는 흩어져서, 있는 듯 없는 듯 살아가는 것이 그들의 모습이다. 그런 까치 중 일부가 최근 들어 문제를 일으키기 시작했다. 농촌이나 산간 지대에서 살아야 마땅한데 도시 근교로 이동을 한 것이다. 나무위에 짓던 집을 전주의 변압기 중간에다 짓기 시작했다. 그들의 무허가 건축 때문에 합선이 되고 잦은 정전사고를 일으키는 등 매년 수백억 원의 피해를 한전에 안겨준다. 이에 대한 비상대책으로 사냥꾼들에게 까치 소탕작전을 요구하게 된다. 소탕실적에 따라 보상금을 지급하면서 까치….

약이 오른 까치들은 드디어 인간세계를 적으로 알고 공격하기 시작했다. 도시근교는 동물 사체死體가 흔하지 않으니 먹이를 구할 수 없고, 그전에는 오다가다 간식으로만 즐겼던 작물의 열매를 주식으로 삼아버렸다. 그런 연유로 피해가 심해진 농민들은 울상이다. 그 농가 중에 어느 분은 공기총으로 작물을 포식하는 까치를 겨냥하여 쏘아버렸다. 그랬더니 즉각 큰 변이 일어났다. 전에 솔개를 쫓아내던 방법을 동원하여 수백 마리의 떼 까치가 일시에 몰려든다. 그리하여 순식간에 그 경작지 전체 작물을 먹어서 황폐화시킨다.

삶을 유지하기 위하여 솔개를 쫓아내던 싸움과 그 질이 다르다. 이번에는 삶의 보호차원을 넘어 강도 높은 보복행위다. 예로부터 우리의 민요나 민속 등에 등장하는 길조吉鳥가 왜 이렇게 악질적인 흉조凶鳥로 변했을까. 문제는 창조주께서 정해준 순리를 어겼기 때문이라 풀이된다.

까치집은 나무위에 짓는 것이 마땅하고, 동물사체의 먹이가 흔한 넓은 산야에 사는 것이 순리가 아닐까. 그런 순리를 무시한 까치는 멸종의 위기를 스스로 불러들인 꼴이다.

인간세계도 창조주의 순리를 어기며 사는 예가 얼마나 많은가. 효도는 백가지 행실의 근본이고, 만 가지 교화敎化의 근원이라는 옛말이 있는데 노부모를 농지와 함께 팽개치고, 도시로 나가 수십 년이 지나도 소식이 없는 자식들의 불효행위는 분명 순리가 아니다.

또 남편을 존경하거나 순종하기는커녕 밤낮 자존심을 뭉개면서 고집이 하늘에 닿는 아내의 처신을 순리라고 할 수 없다. 아내에게 희생적인 사랑은커녕 오히려 하녀로 취급하면서 술만 먹었다하면 폭력을 휘두르는 남편도 순리와는 거리가 멀다.

이웃으로부터 사랑받기를 원하면서도 자신은 남을 위한 추호의 봉사나 사랑을 실천하지 않는 것도 순리 따위는 외면한 삶이 아닌가.

정당한 노력의 댓 가 없이 뭉치 돈을 바라는 사람이나, 그 돈으로 막강한 권력까지 장악하려고 날뛰는 모습도 분명 순리와 분수를 외면한 처사다.

나를 포함한 수많은 사람들이 이렇게 순리를 어기고 제자리를 떠나 헤매고 있으니 그 끝이 어떻게 될까 심히 걱정스럽다. 저 까치 무리처럼의 위기가 곧 오지 않을까 두렵기도 하다.

 오늘따라 연구실 창밖으로, 놓일 자리에 놓인 섬들이 참 아름답고 든든하게 보인다. 철따라 색깔은 조금씩 변해도 한가로운 구름과 벗하고 파도와 이야기 하면서 한 치의 움쭉거림도 없이 창조주의 순리를 따르기 때문인가.

길 잃은 참새

 여명이 어둠을 밀어낼 즈음, 창문에 무엇인가 부딪는 소리가 났다. 막 잠에서 깨어난 눈으로 그 이상한 소리를 쫓아 가보니, 뜻밖에도 참새 한 마리였다. 어쩌다가 번지수를 잘못 짚어 들어온 낯선 공간에서 이 녀석은 연신 부리를 유리창에 찍고, 벽에도 찍다가, 아예 방향감각을 잃어버린 것 같다. 한참동안 커튼 구석에 숨었다가 다시 탈출을 시도해 보지만 계속 실패만 거듭하고 있다. 딱해 보여 조심스레 다가가 창문을 활짝 열어주었다. 그러자 놀란 모습으로 주위를 살피기만 한다. 타월을 들고 허위허위 했더니, 그때서야 공중으로 포르르 날아간다.
 참새는 어쩌다가 고층 아파트를 숲으로 착각했을까. 숲이 아닌 줄 알았지만 태풍으로부터 안전한 곳에 둥지를 틀기 위하여 들렀던 것인지도 모른다. 아니면 잃어버린 짝을 찾아 천방지축 헤매다가 길을 잃었을까. 그렇다면 그 넓은 하늘아래 어디서 짝을 찾는단 말인가. 이것도 인연인지 내방에 잠깐 들린 그 미물의 불안전한 내일이 걱정스럽기까지 하다.

살아가다가 자칫 잘못 판단으로 삶의 정상궤도를 이탈하여 헤매는 경우가 어디 이 참새뿐이랴! 저 참새처럼 정상궤도를 이탈하여 엉뚱한 곳에서 배회하는 사람도 많을 것이다. 지금의 처지가 바른 길이 아닌 줄 알면서도 그것이 자신에게 이익을 준다면 안주해 버리는 자, 지나친 욕심의 덫에 걸려 헤어나지 못하는 자, 모두 모두 저 날짐승에게 배울 일이다. 참새는 잘못 접어든 길인 줄 알고 즉시 탈출을 시도하지 않던가.

멀리 있는 숲만 바라 볼 일이 아니고, 하나의 나무를 살피는 심정으로 나를 조명해 본다. 내 삶의 궤도에는 이상이 없는가. 오늘만이라도 나에게 날개가 있었으면 좋겠다. 참새가 날아오른 지점에서, 세월 속에 묻힌 지난날들을 내려다보고 싶다.

뜻밖에 찾아온 참새를 통해 새삼 회한悔恨에 젖어보는 새벽이다.

나약한 청소년

 요즈음의 청소년들은 왜들 이렇게 나약해 졌는지 알 수가 없다. 팔팔한 새싹들이 스스로 목숨을 웃옷 하나 벗어던지듯 하는 풍토가 놀랍다. 조국의 미래까지를 연결해보면 실로 가슴 아픈 일이기도하다.

 통계청에서 발표한 사망원인 분석결과에 따르면 15세부터 25세까지의 청소년 사망원인 중 자살이 으뜸을 차지한다는 것이다. 얼마 살아보지도 않은 인생출발지점에서 생을 그토록 쉽게 포기해버리다니. 그런 단순한 사고思考나 속단速斷 보다 더 큰 병이 또 있을까싶다.

 하기야 청소년을 괴롭히는 사회병리社會病理현상이 어디 한두 가지뿐이겠는가. 심심찮게 야기되는 학교폭력, 가정폭력, 이성문제, 인터넷 중독, 학교성적, 진로, 집단 따돌림, 비행 등이 독벌레가 되어 가슴을 사방에서 쥐어뜯는 때가 있을 것이다. 그런 원인으로 우울증이나 대인공포의 단계까지 이르면 스스로의 힘으로는 자제할 수 없게 될 것 같기도 하다. 그랬을 때, 쉽게 택할 수 있는 방법을 찾는다면 모든 것을 포기하는 길일 수도 있겠다.

그러나 아무리 어려운 시련도 기어코 뛰어넘고야 말겠다는 다부진 오기傲氣와 용기勇氣만 있어도 허망한 꼬리표까지는 달지 않아도 될 것 아닌가.

이럴 때, 떠오르는 사람이 있다. 그는 신체의 반쪽이 부자유스런 장애인이다. 여섯 살 때, 자다가 뇌성소아마비에 걸렸던 것이다. 부모는 병원으로, 침술전문한의원으로, 3년여 한없이 노력해보았지만 겨우 언어장애는 막을 수 있었을 뿐, 덜렁거리는 왼쪽 팔과 균형 잡히지 않아 끌고 다녀야하는 왼쪽 다리는 정상으로 되돌릴 수 없었다. 치료 때문에 아홉 살이 되었어야 겨우 학교에 갈 수 있었으나 소도시 초등학교라 장애인은 단 한 명 뿐이었다. 벌레처럼 뒤뚱거려야 하는 뇌성마비 환자에게 쏟아지는 학생들의 짓궂은 호기심과 멸시의 눈초리는 어린 가슴에 꽂히는 감당할 수 없는 가시였다. 떼거리로 몰려와서 부자유스럽게 걷는 모습을 흉내 낼 때는, 따라가서 '이것은 내 죄가 아니라'며 때려주고도 싶었지만 정상아들을 따라갈 수도 없으니 어찌겠는가. 그 후 쉬는 시간에도 운동장에 나가는 것을 포기했다. 혼자 남아 눈물로 시간을 보냈다. 차라리 죽어버리고 싶은 생각인들 왜 없었겠는가.

 그러던 어느 날, 오기傲氣가 슬며시 발동했던 것이다. 부자유스런 왼쪽 팔다리는 그대로 두고 오른쪽 건강한 팔다리를 힘차게 흔들어보았다. 무엇이든 할 수 있을 것 같았다. 다시 운동장에 나갔다. 이제부터 흉내 따위는 외면하기로 했다. 바른편 팔을 쓰는 운동은 무엇이든지 달려들었다. 배드민턴, 테니스 등…….

 예사로운 집념을 넘어선 열정으로 땀을 흘렸다. 그리하여 드디어 정상인을 능가하는 경지에까지 이를 수 있었다. 이렇게 아픔을 털어내고 떳떳하게 일어설 수 있을 때까지는 많은 세월이 흘렀다. 장성했을 때는 일류 사격 선수가 될 수 있었고, 장애인 마라톤, 등산, 게이트볼 등 운동의 폭을 넓혀나가면서 장애인으로서는 일인자의 위치를 차지하게 되었던 것이다.

 평소 생활하는데도 이런 용기를 동원해서 남보다 늘 앞장선다. 지금은 50대가 되었지만 약초를 연구하기위해 학교에서 작물생명과학을 전공하면서 만학의 꿈을 실현하고 있다. 또 '거대'라는 조달청 등록업체를 운영하고 있으며, 각 급 학교를 대상으로 과학교구며 운동구를 설치하고 배달하느라 항상 바쁘게 산다. 게다가 생 갈비 집 식당까지 경영하는 자수성가한 당당한 사업가다. 가정적으로도 2남1녀의 아버지이며, 얼마 전 도 단위 부부테니스클럽 대회에서 잉꼬부부상을 수상하기도 했다.

멸시의 아픔을 오기로 물리친 모범인. 그는 이제 정상인이 부럽지 않다. 어떤 어려운 환경에서도 이겨내고자 하는 용기가 있고, 그것을 이루어내기 위한 피와 눈물과 땀이 있으면 불가능은 없을 터.

하물며 건강한 청소년들은 저 바다에 떠있는 섬도 끌고 갈 수 있는 용기가 있어야하는데, 쉽게 좌절하고 죽음의 길로 택하다니…….

죽을 각오만 되어있다면 무슨 일이든 못할까.

그때 그 물맛

 가난하게 살았던 옛날에도 물 걱정만은 하지 않았다. 어느 샘에서나 떠 마시면 약수였고 살아있는 생명수였다. 금수강산의 생명수는 언제 어디를 가나 넉넉하게 넘치고 있었다. 깨끗하고 시원하여 마음까지도 맑아지던 그때 그 물, 지금쯤 그런 물은 어디쯤에 있을까.
 두레박으로 퍼 올리던 샘의 물과, 수도꼭지만 틀면 쏟아지는 오늘의 물은 그 맛이 다르다. 언제부터인가 시름시름 병들기 시작한 물맛. 페놀인지 무엇인지 한때 떠들썩하더니 최근에 또 다른 오염 소동이다. 이렇게 중병으로 치닫는 물을 보고도 먼 하늘에 구름 보듯 예사로운 인식이 무섭다.
 물을 마다하고 사흘을 견딜 자 누가 있으랴. 막다른 갈증을 적시는 한 방울의 물은 靈靈에 까지도 연결되는 것. 그런 물이 공장 폐수나 오수로 병들고 있음은 지상의 인간 생명에 대한 위협이고 도전이 아니던가. 일말의 양심도 기대할 수 없는 그런 흉악범들에게 순박한 피해자들은 너무도 관대했다. 흉악한 정도가 지나쳐서 법도, 벌도 맥이 빠졌던가. 그래서 돌아서기가 바쁘게 그런 소동이 되풀이되나보다.

오염된 물을 마셨다는 어느 임산부가 취재기자에게 던진 신음에 가까운 말 한 마디가 오래도록 뇌리에 지워지지 않는다.

"이 아이를 그대로 낳아야 할 것인지 걱정입니다."

그 부인은 골목마다 기형아가 득실거리는 내일의 한국을 상상했을까.

금수강산의 체면을 뭉개고 물을 외국에서 공수해온다는 어느 부잣집의 이야기를 들은 바 있지만 실소失笑에 붙이고 말았다. 그러나 한국을 찾는 외국인도 이제는 여행용 필수 소지품 중에 물이 들어 있다는 사실 앞에 우리는 어떤 표정을 지어야 하는가. 얼마 전, 통영시와 자매결연을 한 일본 사야마시 조역(부시장) 일행이 왔을 때의 일이다. 한국에 처음 왔다는 그들을 맞아 많은 시간을 할애하면서 안내를 했다. 도착하던 첫날, 만찬장에 소주잔이 오고가면서 분위기가 예사로워지기 시작했다. 그들은 술을 권하는 대로 사양하지 않았는데, 나는 그들이 권하는 술을 받지 못해서 미안했다. 그래도 앉은 자리에서 비워낸 소주병이 10개도 넘었다. 주량이 대단한 분들인 줄로 알았다.

그런데 이튿날부터 소주의 양을 줄이면서 그들은 식후에 녹차를 끓이느라 법석을 떨었다. 법석이 아니고 오만이었던가. 녹차를 끓이는 물을 일본에서 가지고 왔다는 말을 듣는 순간 왈칵 치미는 이상한 심정을 스스로 누를 수가 없었다. 화를 낼 수도 참을 수도 없는 순간을 메우기 위하여 자리에서 빠져나와 식당의 옥상에서 넓은 바다를 배우며 마음을 달랬다. 그들이 첫날 마셔대던 소주는 음료수 대신 갈증을 메우기 위한 수단이었던가. 알코올이 들어 있는 술은 마셔도 되지만 한국의 물은 모조리 오염되어 안심하고 마실 수 없다는 교육을 받은 모양이다.

 공식 일정을 마치고 관광길에 나섰다. 일부러 일본과 관계가 깊은 전승 유적지인 한산섬 제승당과 충렬사, 세병관 등을 안내했으나 그런 정도로 마음이 개운해질 리 없었다.

 장마철이라 안개에 가려서 한려해상국립공원을 보여줄 수는 없었지만 오히려 다행이었다. 아름다운 경관보다는 바다에도, 바닷가에도, 골목에도, 계곡에도 아무렇게나 버려진 쓰레기더미가 그들의 눈을 더 오만하게 만들었을지 모르니까. 그들은 우리보다 깨끗한 거리, 깨끗한 계곡, 깨끗한 습관을 갖고 있다. 함부로 버리지 않는 청결의식은 모든 일본인의 심장마다 신뢰의 핏줄로 연결되어 있는 듯. 그래서 국토를 공원처럼 가꾸는 그들이 아닌가. 그런 청결의식을 어찌 탓하랴만 그들이 돌아간 뒤에도 그 물로 망신당한 떨떠름한 기분을 지울 수가 없었다. 생각해보면 이런 망신도 우리의 의식 수준 탓이 아닐까.

　상수도의 오염 원인이 잘못 흘려보낸 공장 폐수 탓으로 몰아붙일 일도 아니다. 어디를 가나 함부로 버려진 쓰레기더미. 그 중에서도 물 좋은 계곡에 쌓여지는 오물은 우리가 마셔야 하는 상수도 수원을 병들게 하는 또 하나의 주범이 아닌가.

　올 여름 장마 때, 간간히 쏟아지는 소낙비야 말로 계곡의 오물은 물론 그 오물을 함부로 버리는 습관마저 말끔히 씻어 내려갔으면 좋겠다. 장마가 걷히는 날, 이 착잡한 심정을 갖고 콸콸 쏟아지는 계곡의 폭포수라도 찾아 가서 마음을 씻어보고 싶다.

찻잔에 내려앉은 꽃잎
나의 보물
오바마의 관용
향기로운 마무리
마음 밭에 핀 꽃
소소한 감동 줍기
어느 노파老婆의 눈빛
화를 낸 낙타
청첩장의 무게

찻잔에 내려앉은 꽃잎

 꽃샘추위가 한풀 꺾이던 삼월 초순 어느 날이었다. 평소에 봉사활동을 열심히 하면서 '오광대五廣大' 회장을 맡고 있는 후배로부터 전화가 왔다. 매화식당에서 오찬 초청이 있으니 동행하자는 것이다. 개업하는 업소냐고 물었더니, 개업은 아니고 1년에 하루만 특별이 열리는 식당이라면서 구체적인 설명을 덧붙였다.
 그 식당에는 일반손님은 없고, 초청하는 손님만 받는다는 것이다. 메뉴도 주문 받지 않고 주인 임의대로 준비하되 그 대신 식대는 받지 않는다고 했다. 오랫동안 실제 음식점을 운영했던 경험이 있어 요리 실력도 대단하다는 소개였다. 그런 식당이 어디 있느냐고 반박을 했더니, 매실농장 안에 있으니 가보면 안다는 것이다. 별스런 곳이 다 있다고 생각하면서 약간의 호기심을 갖고 따라나섰다.

  초청받은 사람은 후배와 나, 그리고 시市 의회 의장을 역임한 친구 K까지 모두 세 사람이 전부였다.

  언덕아래 차를 세우고 가파른 골목길을 한참 올라갔더니 수백 평은 됨직한 매실농장이 나타났다. 신선한 암향暗香과 함께 천하의 봄을 다 모아 놓은 것 같은 활짝 핀 매화가 짙은 흰색 솜구름처럼 내려 앉아 있었다. 엄동을 두려워하지 않고, 잎도 피기 전에 만발한 강인하고 성급한 꽃의 별천지였다. 누군가가 매화는 '아름다운 소녀'라고 했다지만 정결하고 고상하기가 이를 데 없는 선녀의 무리 같았다.

  이 농장에서 가장 꽃이 많고 꽃그늘이 넓은 매화나무 밑에서 농장주인 내외가 반갑게 맞아 주었다. 미리 준비된 임시 가선 식탁으로 안내 받았다. 준비된 메뉴도 다양했다. 장어구이를 비롯한 쇠고기 안심구이, 도다리 쑥국과 더불어 세 가지 반주飯酒와 매실차를 비롯한 세 가지 차茶가 준비되어 있었다. 나는 이런 화려한 꽃그늘에 앉아 풍성한 식사를 해 보기는 출생 후 처음 있는 일이었다. 무릉도원武陵桃源이 부럽지 않았다.

  식후 매실 찻잔을 드는데 꽃잎 하나가 찻잔 안에 포르르 내려와 담겼다. 머리위로 매화 꽃무더기를 유심히 올려다보았더니 꿀벌들이 수없이 모여들어 꿀을 모으느라 분주했다. 나무마다 고루 분포되어 열심히 일하는 모습 또한 아름다운 또 다른 정경情景이었다.

꿀벌이 다른 동물보다 존경되는 것은 부지런히 일하기 때문이 아니고 다른 자를 위해서 일하기 때문이라고 전해오는 말과 같이 저 꿀벌역시 희생과 봉사의 상징적인 무리가 아닌가. 이 농장 주인이 이처럼 정성을 다하여 아름답게 베푸는 것은 저 꿀벌에게서 배운 것이 아닐까. 남을 위해 조건 없이 베푼다는 것이 이렇게 가슴 벅차도록 아름다운 줄은 미처 몰랐다.

늦었지만 아직 어둡지는 않았으니 나도 그런 대열에 서 보았으면 싶다. 그렇게 했을 때, 그 매화향기처럼의 인간다운 향기가 나지 않을까.

나의 보물

 살아가면서 주어진 시간을 가장 많이 할애하고 노력한 대상이 있다면, 그것은 귀중한 보물일 수 있겠다.
 나에게는 일찍부터 이 지상에서는 가장 귀하게 여기며 아꼈고, 더 아름답게 다듬기 위하여 정성을 다한 대상이 있다. 다른 보물처럼 도둑을 맞거나 파괴될 염려도 없다. 물론 갖고 다니는데도 전혀 불편이 없으며, 어느 때 어디서든지 생각나는 순간 그곳에 머물고 가치가 나타날 뿐 현란하지도 않다.
 그런 대상에 대한 사랑이 나의 보물이다. 그것이 무슨 보물이냐고 핀잔을 들을지 모르지만, 남들이 흔히 생각할 수 있는 사랑과는 다르다. 철저한 짝사랑이며 상대는 아무리 강한 자극에도 흔들림이 없고 의연할 뿐이다.
 그는 이 세상에서 가장 아름다운 모습을 가졌다. 그의 가슴에는 언제나 모정처럼 포근한 바다가 있고, 천만년 보아도 볼수록 좋은 신비로운 섬들이 있다. 백로와 갈매기의 어우러짐이 있고, 난향蘭香이 향기롭다. 억겁의 세월을 서둘지 않는 잔잔한 파도와 바위의 입맞춤이 있고, 자갈밭을 구르는 도란도란한 이야기가 있다.

나는 일찍부터 그에게 가장 품위 있는 옷을 마련하기 위하여 전력투구 해보았다. 멋스런 음악을 비롯한 예술에 어울리는 옷, 만선의 깃발에 어울리는 옷, 균형 있게 아름다움을 뽐낼 수 있는 옷을 마련해 주고 싶었던 것이다. 그런 일만이 이 세상에 머무는 동안, 내가 할 수 있는 가장 가치 있는 일이라고 생각했기 때문이다.

그를 깊이 생각할 때마다 가슴으로 은밀한 설렘이 파도처럼 밀려오기도 한다. 벅찬 감격과 열정이 폭풍처럼 몰아칠 때도 있다. 나는 작은 조각배가 되어 격랑에 휘말리며 신나게 달려보는 황홀한 꿈을 꿀 때도 있다.

세월이 흐르는 동안 눈물보다 더 아린 아픔을 맛보아야만 했다. 언제까지나 나만이 보듬을 수 없는 처지에 이르게 되었던 것이다. 그 진한 허탈과 갈망 앞에서 나는 초췌한 모습이 될 수밖에 없었다. 이제는 한 걸음 물러서서 지켜보아야 하기 때문에 심한 갈증을 느낄 때도 있다. 이것도 숙명인지 모르지만 또다시 태어난다 해도 그와 상관없는 일은 아무런 의미를 찾을 수 없을 것 같으니 어쩌겠는가.

그를 사랑하는 것만이 나의 소망이요, 보람이요, 내 인생의 전부이기 때문에, 육신으로 되지 않으면 영혼의 위치에서라도 계속할 수밖에 다른 길이 없겠다.

 저쪽 바다 끝에 가득히 펼쳐지는 환상의 그림처럼 조망되는 낙조落照를 배경 삼아, 그대 '통영'에 남긴 흔적들을 다시 더듬어 본다. 사랑하는 나의 보물, 나의 우주, 나의 통영이여! 아름다운 번영과 발전만 거듭하라! 그리고 영원 하라!

오바마의 관용

미국 최초의 흑인 대통령이 탄생하던 날, 온 세계가 떠들썩했다.

어릴 때부터 인종차별로 따돌림을 받는 등 험한 길이 많았지만, 야무진 꿈 하나를 붙들고 달려온 버락 오바마는 아직 젊은 나이에 그 꿈을 이루었다. 그는 취임 전날부터 배려와 관용의 모습을 보여주었다. 대선 때 정적政敵인 공화당의 대선 후보, 존 매케인 상원위원을 위한 만찬을 열면서 "미국을 위해 평생 봉사한 애국자"라고 칭송했다.

취임 후에는 야당인 공화당의 핵심위원들에게도 일일이 전화를 걸어 "도와 달라"며 겸손한 자세를 취했다. 이와 같은 공화당 끌어안기는 집권당의 세력이 부족해서 나온 궁여지책이 아니라는데 더 가치가 있다. 상하원 모두 과반수가 넘는 세력을 확보하고 있어 마음만 먹으면 어떤 법안도 처리할 수 있는 입장이다. 그러나 그는 대범했다. 갈등과 대립은 혼란만 가져온다는 사실을 아는 그는 가벼운 무리無理까지도 피했다.

이런 상황 위에 우리나라 정치 모습을 오버랩 해본다. 여권 내부조차 끌어안기를 외면한 채 국회 의석의 다수만을 믿는 것 같다. 이런 분위기 등으로 소외된 야권은 무조건 여당 발목 잡기에 바쁘다. 마치 소심小心의 대결장 같다.

정치가 이처럼 투쟁적 분위기로 치닫고 있을 때를 틈타, 일부 세력들은 조그마한 사회적 불안까지도 촛불로 비화시켜 나라를 뒤집으려든다. 그럴 때마다 공권력이 뭉개지고 무법천지의 아수라장을 연출하고 있으니 이 나라의 장래가 심히 걱정스러울 뿐이다.

국회뿐만 아니라 지방의 기초단체까지도 자치제가 되고부터 이런 유사한 사례가 나타나기 시작했다. 민선 2기를 마치고 3기 당선자가 취임 하던 날, 나는 후임자를 축하하기 위하여 꽃다발 하나를 들고 참석한 적이 있었다. 식순에 따라 새 시장의 인사가 시작되었을 때, 나는 내심 당황하지 않을 수 없었다. 시장의 인사말 때문이었다. 그는 '나를 뽑아준 시민의 복리증진을 위하여 불철주야 뛰겠다.'는 약속과 각오 대신에 준비한 내용인즉 '지금 우리 시市는 회생 불능의 늪에 빠져 허우적거리고 있다'고 말문을 열었다. 그러니까 주어진 시간을 몽땅 전임자의 업적에 대하여 근거 없는 내용으로 폄훼하는 것이 전부였다. 선거로 같이 싸웠던 정적政敵도 아닌데 거친 목소리가 마치 전임자 성토대회장을 방불케 했다. 물론 전임자였던 내 자신도 다 잘했다고는 볼 수 없으나, 당시 IMF사태 중에서도 굵직한 개발 사업을 전국 상위 수준으로 추진했고, 정부로부터 종합행정 최우수단체 표창까지 받았는데도 '활력과 비전을 상실했다' 느니 '더 이상 추락할 수 없는 도시'라 했다. 참석했던 시민들도 모두 이해할 수 없다는 듯 수군거렸다.

전임자를 뭉개면 후임자가 돋보이는 것으로 착각했는지 모르지만 뒷날 여론은 오히려 그 반대로 나타났다. 그래서인지 그 단체장은 부정선거에 연루되어 임기를 마치지 못하고 초반에 도중하차하고 말았지만, 세월이 많이 흘렀는데도 나의 기억 속에는 안타까운 장면으로 남아있다.

이런 경험 때문에 오바마 대통령의 포용정책이 유달리 돋보였는지 모른다.

지도자다운 덕목 중에 크고 넓은 마음은 필수 항목이 아닐까.

어떤 이는 이 세상에서 넓은 것은 바다라 했다. 바다보다 더 넓은 것은 하늘이요, 하늘보다 더 넓은 것은 사람의 마음이라 했던가. 그러나 그 마음을 잘못 다스리면 손바닥 보다 작아질 수 있다는 것이다. 내 마음도 제발 손바닥크기는 면했으면 싶다. 그리하여 감동까지 만들 수 있었으면 얼마나 좋으랴만.

오바마 대통령의 그런 대심大心은 바로 천심天心 가까이에 있다는 사실을 새삼 느끼게 되었다.

향기로운 마무리

 무슨 일이든 시작할 때에는 약간의 설렘을 동반할 수 있지만 짙은 향기까지는 기대할 수 없다. 그러나 잘 성숙된 마무리는 향기가 짙게 마련이다. 그 향기는 은은한 그리움이나 감동까지를 동반하게 된다.
 마무리하기까지 그 과정에 시련이 많을수록 향기의 농도가 진해질 수 있다. 수백 년 물속에서 인고의 시간을 견딘 향나무 일수록 그 향기가 은은한 것처럼.
 살아가면서 하루의 일과를 마칠 때에도 기대 이상의 보람이 쌓였을 때, 즐거운 휘파람이 엔도르핀을 불러오기도 한다.
 글 한 편 쓸 때에도 서두 보다는 마무리에 비중이 크며 그 마무리에 여운과 감동이 동반하면 향기는 더욱 진해지기마련이다. 그래서 수필을 쓸 때에도 늘 신경 쓰이는 과제가 마무리이다. 어떻게 하면 보다 매력적인 마무리로 마감할 것이며, 글 전체에 생기를 끼얹을 수 없을까를 고심한다.

이렇게 항상 진솔한 절규인 듯 호소력을 동반할 마무리를 소원해 보지만 쉬운 일은 아니었다.

사람의 일생도 같은 이치가 아닐까. 태어날 때는 본인의 의사와 무관하지만 살아가면서 흔적을 남기는 것은 순전히 본인의 몫이다. 어떤 훌륭한 삶의 흔적을 남겼느냐에 따라 그 인생의 가치가 평가되기 때문이다.

여기서 내 자신이 남긴 흔적을 추슬러보면서 마무리까지를 전망해본다. 지나온 내 삶의 장정長征 중에 책임이 무거웠던 시기는 역시 한 지역의 행정을 책임지고 있었던 때인 것 같다. 이때가 최상의 흔적을 남길 수 있는 생명의 연소기간이라 생각하고 잠자는 시간까지를 줄여가면서 뛰어보았지만 그 흔적은 너무도 미미하다. 시민의 복지증진이라는 일상적인 업무는 당연한 임무이기 때문에 제쳐두고, 특별히 기획하여 추진한 사업을 몇 건 들 수 있으나 이것도 깊이 따져보면 착상을 하고 추진을 감독했을 뿐, 혼자서 이룬 업적이라고는 할 수 없으니 어쩌면 순수한 내 몫이 아닐 수도 있다.

이제 일생의 마무리 단계에 이르렀으니 이제 와서 흉작임을 안달해봐야 무슨 소용이 있을까. 그렇다면 여러 사람의 도움으로 이루어낸 떳떳하지 못한 흔적들일지라도 그나마 그늘을 지우지는 말아야 할 책임만 남은 셈이다.

그런 허술한 마무리가 안타까워서 퇴임 후, 나이를 잊은 채 대학 캠퍼스를 맡아 후학 양성에 열을 올려보지만 뚜렷한 향기까지를 기대할 수는 없을 것 같다. 이도 저도 여의치 않으니 좋은 글이라도 몇 편 남겼으면 좋으련만…….

선배 수필가 P씨는 오십을 넘자 절필 했다는데, 나는 나이 들어 더 큰 욕심을 갖고 있으니 어쩌면 이 길도 순리는 아니고 지나친 욕심일터.

머물렀던 자리가 이토록 황량할 줄을 예전에 미처 생각하지 못했다. 씨앗은 뿌린 대로 거두는 법인데 어쩌다 저 하늘에 흘러가는 부질없는 한 점 구름처럼의 꼴이 되었단 말인가.

최선의 목표를 향하여 좋은 씨를 심지 못한 주제꼴이 향기로운 결실까지를 기대했다는 자체가 얼마나 어리석은 일인가.

이 세상에 태어나서 무엇인가를 떳떳하게 흔적을 마무리하여 남긴다는 것, 그 이상의 보람이 또 있을까.

역사 속에 훌륭한 향기를 남기고 가신 선현先賢들의 인생 마무리가 오늘따라 너무도 부럽다.

마음 밭에 핀 꽃

이 지상에 꽃이 없었다면, 자연의 미소를 어디서 볼 것이며 얼마나 삭막할까. 꽃은 자연을 대표한 멋이고 향기이며 미소라는 생각에 이른다. 사계절을 따라 각각 다른 모습으로 피어나고 있어 신기하리만치 조화롭다. 봄과 가을에는 무더기로 혹은 고고하게 피는 꽃도 많지만, 어려운 환경인 한여름과 겨울에 피는 꽃이 더 인상적이다. 여름은 햇빛을 유달리 사랑하는 해바라기가 있다. 그는 햇빛만을 바라보기 위하여 피어난 일편단심의 상징처럼 보인다. 어쩌다 구름이 가려도 해 있는 쪽만 바라보다가 햇빛의 열이 식어지는 가을이 되면 서서히 마르면서 주저앉아버린다.

겨울에는 건강한 여인의 붉은 입술 같은 동백꽃이 요요하다. 추위 따위는 아랑곳없는 강인한 자태가 놀랍다. 꽃송이마다 야무진 열매가 될 씨를 영롱한 잎사귀 그늘 속에 살짝 숨기고, 싱싱한 채 떨어지는 모습도 추하지 않아서 좋다. 이렇게 자연은 계절마다 수많은 꽃을 피우지만 저마다 피어나는 계절과 피어있는 기간이 각각 다르고 향기도 갖가지다.

그러나 사람들은 그 마음 밭에 계절과는 관계없이 무시로 꽃을 피울 수 있지만, 미련하면 한 송이도 피우지 못한다. 꽃을 가꾸는 기간도 짧게는 찰나刹那일 수도 있고, 길게는 일평생일 수도 있다.

내가 아는 어느 장로는, 청년 시절부터 나환자촌의 수많은 미감아未感兒들을 모아서 기르고 가르치고 성가(成家) 시키느라 자신의 친자식은 일부러 두지 않았다. 노년에 이르기까지 부인과 함께 남을 돕는 일에만 전념한다. 누구나 할 수 있는 일은 아니다. 자신의 존재는 무시 한 채, 봉사할 대상만 바라보는 그분의 삶이야말로 꽃 중에서도 귀한 꽃에 속한다. 그분 앞에 가면 나는 주눅이 든다. 언제 만나도 항상 어둠을 밝히는 만월滿月처럼 조용하고 편안한 모습이다. 모두를 바쳐 피워낸 마음의 꽃도 아름답지만, 이미 천국 가는 길을 다 닦은 것처럼 담담한 모습이 위대해보였다.

자신만을 위한 단순한 생존수단을 넘어 이웃을 돕고, 지역과 나라를 위하여 정성을 다한 결실이 뚜렷하다면 그것은 분명 향기 짙은 꽃 중에 꽃이리라.

한산섬 앞바다에 충무공이 피워놓은 조국수호의 꽃은, 수백

년의 세월이 흘러도 그 향기는 변함이 없다. 반드시 이런 거창한 꽃이 아니면 어떠랴. 지나가는 걸인에게 동전 한 닢 잡혀주는 것도 작은 풀꽃일 수 있다.

이런 봉사나 희생뿐만 아니라, 유명예술작품도 격을 달리하는 꽃이기도 하다. 어떤 고장에서는 그런 꽃이 너무 많아, 마치 예술의 화원花園 속에 사는 양 착각하며 자랑하기에 입이 마른다. 우리 모두 저마다의 마음속에 꽃이 만발할 수만 있다면 그대로가 곧 낙원이 아닐까.

그러나 그런 소망과는 달리 시대가 변할수록 마음 밭이 모두 황폐해지고 있는 것 이 안타깝다. 지나친 이기주의에 얽매어 고통 속을 헤매다보면 다른 생각을 할 겨를이 없을 터. 더구나 불평, 불만, 미움, 낙심, 정욕 등이 강하게 지배하면, 그런 거칠어진 마음속에 무슨 꽃이 피겠는가.

새삼 내 자신을 되돌아본다. 먼 훗날, 후세들이 바라볼 수 있는 단 한 송이의 꽃이라도 마음 밭에 제대로 피었으면 다행이련만……. 시들지 않을 나의 멋과 향기와 미소를 갖고는 싶지만, 이미 해가 저물고 있으니 어찌할까.

소소한 감동 줍기

　누군가가 당신은 문학을 왜 하느냐고 묻는다면 나는 '살아가는 체험 속에서 소소한 감동을 줍기 위하여'라고 답할 것이다.
　기쁨의 파동이거나 슬픔의 파동을 막론하고, 감정의 긍정적인 반응이 마음을 흔들 때가 누구에게나 있기 마련이다. 나는 일찍부터 그런 경우를 당하면 문득 글을 쓰고 싶은 충동을 느꼈다. 그 글은 어떤 특정 장르의 형식에 구애될 필요를 느끼지 않았다. 그저 수신인 없는 편지에다 아픔이나 보람을 고백하기도 하고, 또 일기장에다 내면에서 울려오는 삶의 의미 같은 것을 털어놓기도 했다.
　그러다가 한참 나이 들어 우연한 기회에 어느 ≪수필문학 대 전집≫을 만나게 되었고, 그 속에서 감동의 맛을 찾아 헤맸다. 2년여에 걸쳐 수천편의 수필을 만나게 되었던 것이다. 그 중에서 삶의 진실을 속삭여 주는 수필과의 만남이야 말로 즐거운 순간이기도 했다. 전개되는 이야기 속에 감동적인 주제를 발견하게 되면 마음에 얼룩진 주름살까지 펴지는 기분이었다. 필자 나름대로의 신선한 목소리와, 여과된 환희와 분노도 있었고, 더러는 서정적인 노래와 아름다운 화원花園도 만날 수 있었다. 그런 수필을 만나면 수십 번씩 되풀이 읽기도 했다.

그런저런 매력에 이끌려 나도 수필을 써 보리라 덤벼들었던 것이다. 그러나 마음대로 쉽게 이루어지지 않았다. 다시 수년 동안 수필 이론서를 놓고 공부를 해보았지만, 역시 나는 우주와 인간에 대한 체험이 단순했고, 관찰력이나 사색의 깊이도 부족했다. 그런 상황에서 하나의 작품을 형상화形象化 한다는 것이 얼마나 버거운지를 실감했다.

그러다가 어느 신문 독자문예 란에 처녀작 한 편을 던져보았다. 며칠 후 그 작품이 지상에 발표되던 날, 비로소 작은 용기를 얻게 되었다. 그때부터 지방 문학 동인회에도 권유에 따라 가입하고, 여러 신문 칼럼 필진으로 위촉되어 겁도 없이 자리를 차지했다.

그렇게 함부로 날뛰다가 으스스 한기를 느꼈다. 마치 무면허 운전을 하는 것 같은 자격지심이 앞을 가로 막았기 때문이다. 동인들로부터 별다른 자극이 없어도 간혹 찬바람처럼 스치는 열등감을 떨어버릴 수가 없었다. 그러던 차에 이미 등단된 선배 동인으로부터 내게 등단의 문을 통과하도록 떠밀었다.

이미 인생 중반에 들어선 나이라 문단 등단은 어설픈 욕심 같았지만 마음 한 구석에 남아있는 자학(自虐)을 치유하는 처방일 것 같아서 용기를 내어보았다. 드디어 어느 문예지에 초회 추천과 추천 완료를 받게 되었다. 또 우연한 동기로 같은 해, 모 일간지 신춘문예에도 당선되는 영광을 안았다.

그 후 20여년에 걸쳐 여러 권의 수필집을 비롯한 수필이론서와 자서전 등 9권의 저서를 세상에 내보냈다. 그러나 모두 흉작을 면치 못했다. 잔잔한 감동을 만들기 위하여 뛰어든 수필마당에서 감동은커녕 감동의 그림자도 아직 잡지 못했으니 어찌해야 한단 말인가. 누가 나더러 지금까지 문학 활동을 왜 계속 했느냐고 묻는다면 떳떳하게 내세울 답이 없다. 다만 내일은 오늘보다 좀 나은 글을 쓸 수 있으리라는 희망 하나를 믿고 그냥 늙어버렸다고 답 할 수밖에…….

지금이라도 할 수만 있다면 좋은 글감을 만나서 신선한 깨달음을 가미하고, 인간에 대한 애정과 진실과 존귀함이 잘 어울린 글을 남기고 싶다.

누구나 공감할 수 있는 향기로운 인생을 노래하고 싶다.

어느 노파老婆의 눈빛

　중풍을 맞아 쓰러진지 십여 년간 침대 신세를 지고 있는 노파에게서 본래의 모습을 찾아볼 수 있는 것은 눈빛 하나뿐이었다. 스스로 몸을 한 치도 움직일 수 없고, 말문까지 막혀버렸으니 그 짧지 않은 세월동안 답답하고 캄캄함을 어떻게 측량하랴. 지금까지 연명할 수 있었던 것도 칠순이 넘은 남편이 있어서 가능했던 것 같다. 관절 신경통 때문에 자신의 몸도 가누기 힘든 처지인데 아내를 간호하느라 나이보다 더 늙어보였다. 겉으로 볼 수 있는 노파의 몸 중에서 눈 부분만은 아직 성한 셈이어서 그나마 다행이었다. 눈을 중심으로 한 얼굴색도 아직 맑아서 젊었을 때 곱던 모습을 상상하게 했다.
　그 눈동자의 움직임 속에는 영혼의 세계까지 넘나들 수 있는 신의 위력이 머물고 있는 것 같았다. 넓은 호수처럼 조용하고, 아늑한 봄날처럼 포근해 보이는 그런 범상치 않은 저력이 아직 어디에 숨어있는지 궁금했다. 말문은 막혔어도 눈빛으로 말하고 있었다.

"할머니! 교회에서 목사님이랑 심방尋訪 왔습니다."

약간 알아듣는 것처럼의 눈빛 반응을 읽을 수 있었다.

목사님의 기도가 끝나자 노파의 눈시울에는 이슬이 맺혔다. 아직도 귀까지는 가느다랗게 열려 있었나보다. 간병하는 노인(환자의 남편)에게 가정 사정을 알아본다.

"슬하에 자녀들은 몇이나 됩니까?"

"모두 육남매 입니더."

"육남매가 다 어디서 살고 있습니까?"

"대구에도 있고, 서울에도 있고, 통영에도 있습니더."

"큰 아들은 어디서 무엇을 하고 있습니까?"

"대구에 산다는 말은 들었는데, 뭐하는지는 잘 모릅니더."

이런 식의 대답이니, 더 알아볼 방법도 없었다.

"자녀들이 돌봐주지도 않는데 어떻게 생활하십니까?"

"막내가 통영에 살고이심서 도와 줍니더."

막내는 맞벌이 부부로써 낮에는 아이 둘을 할아버지에게 맡겨두고 출근하며, 퇴근할 때 데려간다는 것이다. 막내 내외가 도와주는 것도, 따져보면 진정한 도움이라기보다 마땅한 대가인 것처럼 생각되었다.

자식 여섯을 낳아 기르고, 시집 장가보내기까지 어머니의 그 사랑과 정성을 어떻게 다 헤아릴 수 있으랴. 지금도 그 노파는 자식들을 위하여 끊임없이 눈으로 기도한다. 기도하는 눈에는 원망도 없었다. 서운한 기색도 찾아볼 수 없었다. 이렇게 생명을 유지하고 있는 것도 자식들과 사랑스런 손자들을 위한 축복 기도 역할 때문에 자신의 목숨을 쉽게 놓아버리지 못하고 버티는 것 같았다. 그렇지 않고는 식물인간의 눈빛이 그렇게도 맑고 밝을 수 있으랴.

끝이 없는 위대한 어머니의 사랑 앞에 무너져버린 효심孝心을 어디서 어떻게 수습해야 할 것인가. 도처에 유행병처럼 확산되고 있는 먹구름 같은 불효의 풍토를 처방할 묘책妙策은 없을까. 자신들도 언젠가는 늙어질 것인데 참 복 받는 길을 외면하고 헛된 욕심을 쫓아 어디까지 달려가고 있는지 모를 일이다.

화를 낸 낙타

　낙타는 유달리 슬픈 눈을 가진 동물로 알려져 있다. 그러나 눈물 따위는 쉽사리 볼 수 없고, 인내와 끈기가 온 몸에 배어있을 뿐이다. 몸속에 양식과 물을 따로 도시락처럼 저장하고는, 무거운 짐도 마다하지 않고 끝없는 사막의 길을 며칠씩 걸어야 하는 슬픈 운명의 낙타.

　이집트 광야를 하루 종일 버스로 달려보아도 풀 한 포기 만나기 힘들지만 간혹 낙타의 이동만은 볼 수 있었다.

　열흘 일정으로 떠났던 성지순례 나흘째, 홍해 부근에서 먼 발치로만 보았던 낙타를 가까이서 만났다. 일행과 함께 도보로 이동하던 길 옆 야자수 그늘아래서다. 낙타 대여섯 마리와 그 낙타 고삐를 들고 있는 현지인들을 보는 순간, 분수에 어울리지 않는 동심이 마음을 살짝 흔들었다. 그 낙타 등에 올라가서 사진을 찍고 싶었던 것이다. 사진만 찍으면 1$, 광장을 한 바퀴 돌면 5$이라 했다. 나는 사진만 찍기 위해 무릎 꿇고 앉아 쉬는 낙타 등에 올라탔다. 낙타는 일어섰다. 생각보다 높직했다. 일행의 카메라에 사진 한 장면을 담고 막 내리려 하는데, 이 순간 문제가 발생했다. 낙타 주인은 기왕이면 5$를 벌기위해 광장을 한 바퀴 돌려고 고삐를 이끌어낼 때, 나는 내려달라고 소리를 질러댔다. 그 순간 낙타가 발작을 하기 시작한 것이다. 앞에 서있는 주인을 밟아버리기라도 할 기세로 대들면서 천방지축 길길이 뛰는 것이 아닌가. 그냥 미쳐버린듯했다. 입에서는 독기가 진한 침을 허옇게 물고 숨을 헐떡이면서……

내려갈 수도, 어찌할 수도 없는 귀가 막힌 상황이 순간적으로 벌어지고 있었다. 등에 앉은 사람을 마치 귀찮은 짐이라도 떨치듯 던져버리는 순간, 나는 정신을 잃었다. 잠시 후 땅에 떨어진 것을 알았을 때, 그 낙타가 나를 밟으려고 오는 것 같아 일어나려는 순간, 왼쪽 다리를 움직일 수가 없었다. 일행의 부축을 받으며 근근이 관광버스에 승차하여 이집트 국경을 넘었다.

밤늦게 이스라엘 예루살렘의 야간 당직 병원에 들러 골반 사진부터 찍어보았다. 예상한대로 대퇴부 근방의 뼈에 금이 갔다는 것이다. 순간적으로 자초한 어이없는 화禍로 인하여 모처럼 나섰던 성지순례의 길을 접을 수밖에 없었다.

귀국 후, 병원에 입원을 하였으나 악몽 같았던 순간이 자꾸만 떠오르면서 그 낙타가 느닷없이 발작을 일으킨 이유가 궁금했다.

손님을 태우기 싫었는데 내가 억지로 올라탔기 때문인지, 광장을 한 바퀴 돌고 싶었는데 그대로 내리겠다고 했기 때문인지, 편히 쉬고 싶었는데 주인이 억지로 끌어내었기 때문인지 의문이 풀리지 않았다. 며칠을 두고 생각하다가 나름대로 해답을 얻을 수 있었다. 문제의 발단은 잘못된 내 처신에 있었던 것이다. 낙타 등에 올라앉으면서 낙타의 목덜미를 사랑스럽게 몇 번 쓰다듬어주었던들 그렇게까지 화를 내지는 않았을 것을…….

　달리 생각하면 사랑의 표현에 인색했던 나의 행동에 대하여 낙타를 통해서 벌을 내린 하나님의 뜻이 아니겠는가 하는 생각에 이르렀다. 성지순례의 길이어서 그런 생각이 더 짙어지나보다.

　내가 살아온 지난 세월을 더듬어본다. 지금까지 받은 사랑과 정성을 다 모으면 태산 같으리라. 그런 정성에 대한 보답으로 언제 얼마만큼 쓰다듬었던가를 자책해본다. 받기만 하고 갚지 못한 악성 채무자의 입장임이 분명하다. 늦었지만 지금부터라도 부도를 면해야할 중요한 시점이 아닌가. 뼈의 상처가 치유 되는대로, 희생과 실천을 앞세워 사랑의 꽃을 피워내는 성실한 채무자가 되어보리라 다짐해 본다.

　이런 다짐을 하고 있던 날, 문병 왔던 어느 집사가 의미 깊은 한 마디를 던졌다.

　"장로님! 이렇게 크게 다치게 된 것은, 반드시 무슨 이유가 있을 것입니다."

"……"

그렇다! 인색했던 사랑 표현 말고도 또 다른 이유가 있을 것만 같다. 지금 내 삶의 위치가 어딘가. 분명 석양을 바라보는 마무리 단계가 아니겠는가. 삶의 시작도 중요하지만 마무리가 더 중요할 수도 있는 법. 적당히 넘어갈 수도 있는 마무리를, 보다 착실히 마무리 하도록 자극하기 위하여 조용한 명상의 시간을 주었던 것을 왜 미처 깨닫지 못했을까.

우선 급한 과제는 일생동안 쌓인 죄의 짐부터 주님 앞에 내려놓고, 눈물의 기도로 용서를 구하는 일일 것 같다. 배신의 상처를 따라온 미운 감정, 내 처신의 잘못으로 무너진 인간관계, 외면해버리고 지나쳤던 이웃의 고통, 내 교만으로 상처를 준 아픔, 그리고 크고 작은 잡다한 죄의 짐들을 기도의 불로 태울 수만 있어도 좋으련만.

그렇게 다 태우고 비운 자리에 참 사랑을 넘치도록 채워서 골고루 나누어주는 단비가 되리라 다짐해본다. 단비 정도가 아닌 소낙비가 되어도 모자랄 것 같으니 이 일을 어쩌면 좋으랴.

청첩장의 무게

 청첩장은 '청춘을 묻어버리는 한 구절의 비문碑文'이라는 글을 어디서 본 기억이 난다. 풋풋한 젊음을 묻고 부부라는 인연으로 입문하는 의미를 너무 가볍게 보지 않았나 싶다. 청춘을 묻는 비문이라기보다, 두 청춘남녀가 하나의 희망찬 길을 여는 선언문이라고 해야 마땅하지 않을까.
 그런 선언문을 접하는 사람들로부터 뜨거운 갈채를 받았을 때, 그 갈채 속에 행복이 영글게 되리라. 그러나 갈채 대신 못마땅하여 투덜대거나, 부담을 느껴 고민하는 사람이 많음을 어쩌랴.
 연중 결혼 시즌에 접어들면 곱게 단장을 한 청첩장이 나비처럼 연거푸 날아들기 시작한다. 언뜻 보기에는 고우나 세금고지서 보다 위력이 강하다. 납기일은 물론 납부 시간과 장소까지 자유롭지 못하다. 어쩌다 지정한 장소에 나타나지 않으면 괘씸죄에 걸릴 수도 있다.

　대상이나 형편에 따라 다르겠지만, 나의 경우 일주일에 평균 대여섯 건, 한 달이면 스무 건도 넘을 때가 많다. 최소한의 체면치례만 해도 한 달 연금 수령액의 반액 이상이 날아 가버린다. 그렇게 되면 가계에 적신호가 오기마련이다. 그 정도도 공직자 퇴직연금 대상자라서 다행이지만, 그런 경우도 아닌 노년층은 얼마나 낭패스러울까. 전철에서도 노인은 공짜 대우를 받는데, 청첩장만은 고령도 아랑곳없다.

　가까운 친지나 지인知人일 경우는 당연하다는 생각으로 청첩장의 무게를 느끼지 못하나, 그렇지 않을 경우 상당한 무게를 느끼게 된다. 그런 무게로 갈등에 빠지는 때가 있다. 청첩장을 보내는 사람은 한 사람이지만, 받는 입장에서는 다수인으로부터 모여들기 때문에 감당하기 곤혹스럽다. 더러 외면하면 되겠으나 길들여진 관행을 쉽게 덮어버리지도 못한다.

　상대방의 입장을 고려함이 없는 얌체들의 모습도 각양각색이다.

　수십 년 동안 단 한 번도 연락이 없다가 청첩장으로 안부를 대신하는 얌체.

　자녀들이 많아 청첩장을 너무 잦게 보내는 얌체.

　청첩인 성명 자체가 생소하여 알아보지도 못하는 상대에게 보내는 얌체.

　청첩장을 한사람이라도 더 보내기 위하여 과거에 관여했던 단체 명단을 입수하고 친분여하를 불문하고 발송하는 안면에 철판을 깐 얌체.

결혼식 일 년 전부터 지인들 주소를 추적하는 작업을 열심히 하는 극성파 얌체. 이렇게 최대한의 수단을 강구하는 사람들은 상대가 결코 곱게 보지 않는다는 사실을 왜 모를까.

이쯤 되면 청첩장 발송 방법이나 범위나 수단이 정상적인 한계를 넘었다고 볼 수 있다. 결혼식장에 모여드는 하객의 숫자로 가세家勢를 과시하려는 허세 하나만을 생각하다 보니 이런 부작용까지 발생하나보다. 또 평소에 당했던 곤혹에 대한 일종의 보상 심리가 작용했을지도 모른다.

최근에는 .이렇게 잘못되어가는 풍토가 못마땅하여 청첩장을 아예 내지 않는 분도 있다. 또 축의금 자체를 절대 사양하는 저명인사도 있다.

친지나 가까운 지인끼리 모여서 다소 조촐하지만 오붓하게 축하의 분위기를 만들면 그 향기가 더 진할 것 같다. 그야말로 허식을 피한 순수 축하 분위기야말로 가치 있는 행복의 서곡이 될 수 있을 터.

상부상조의 정신에 어긋날지 모르지만, 차라리 청첩장 없는 결혼 풍토가 바람직 할 것 같다.

청첩장이 청춘을 묻는 비문이 아닌, 잘못된 상부상조의 풍토를 묻어버리는 비문이었으면 하고 혼자서 중얼거려본다.

4부

갈릴리 호수
착각
일대일
빙산氷山에서 나는 소리
배은背恩의 열매
어떤 소망
우주의 소리
가을 소묘素描
그 손길

갈릴리 호수

 옛날 같으면 삼사월은 춘궁기에 해당된다. 식량은 다 떨어지고, 양지 편에서 돋아나는 쑥이라도 뜯어다 끼니를 이어가던 기막힌 시절이 있었다. 보리라도 빨리 자라서 익어주기를 바랬지만 자연의 순리는 의연할 뿐이었다.
 불과 수십 년 전까지만 해도 서민들은 그런 가난을 체험하며 살았다. 이미 혹심했던 기근은 사라졌지만, 차원을 달리한 그늘진 삶의 모습들이 우리 주변에 아직도 머물고 있어, 또 다른 춘궁기를 방불케 한다.
 봄을 봄답게 느끼지 못하는 쓸쓸한 독거獨居 노인이 그 주인공들이다. 그들의 가슴속에는 항상 찬바람만 지나간다. 더 기다릴 것도, 희망도 없다. 그래서 외로움에 지치면 때때로 마른 눈물로 베개를 적실뿐이다. 그러면서 수년의 세월이 흘러도 찾아오지 않는 자식들을 원망하지도 않는다. 그것이 부모의 모습이고, 마음이다. 이들에게는 아들딸들이 차라리 없는 것보다 못하다. 호적상 부양가족이 없으면 정부로부터 최소 생활 보호라도 받을 수 있었으나, 그 길마저 막아버렸기 때문이다. 세태가 만들어 놓은 불효부제不孝不悌 풍토를 어찌하랴.

그런 병폐를 씻을 방법이 있다면 불우이웃 돕기가 아닐까 싶다. 외로운 노인들에게 필요한 것은 따스한 보살핌이리라. 정성스런 이웃 사랑의 꽃이 필 때, 그들은 드디어 봄을 봄답게 느낄 것이다.

팔레스타인에 가면 요단강 물을 받는 2개의 호수가 있다. 하나는 갈릴리 호수이고 또 다른 하나는 사해死海이다. 갈릴리 호수는 북쪽 헬몬 산에서 눈 녹은 물이 사철 흘러오는 것을 받아들인다. 받아들인 만큼 다시 흘려보내고 있다. 그래서 호수는 항상 명경지수 같다. 어족도 풍부하여 어부들의 노래가 끊이지 않고, 호수 주변은 오곡백과가 풍성하여, 생명이 넘친다.

사해는 똑 같은 요단강 물을 받으면서 물고기 한 마리를 볼 수 없다. 호수 주변에는 곡식이나 초목이 자라지 못한다. 이 사해는 염분이 25%라고 한다. 보통 바다 염분도 5% 내 외인데, 무려 다섯 배에 달하는 셈이다. 받아들이기만 하고 내보내지 않기 때문에 죽은 바다가 되어버린 것이다.

우리에게 춘궁기가 없어진 것도 축복 받은 일이다. 건강하게 살아가는 것도 역시 축복 받는 일이다. 이런 축복을 쌓아가기만 하면 언제 사해死海처럼 되지 않는다고 장담하랴. 축복 받았을 때, 감사할 줄 알고, 그 열매를 불우한 이웃에게 나눈다면, 갈릴리 호수에서처럼 생기가 넘치지 않을까.

베푸는 마음의 뜰에 복락福樂의 꽃은 피리라.

착각

 문단활동을 하는 동안 여러 차례 상을 받았다. 그 상들은 내가 원해서가 아니고 모두 주최 측에서 추천하고, 심의과정을 통해서 걸러진 것이라 거부할 수가 없었다. 마침 상을 서로 받고자 애쓰는 불미스런 시상풍토와 무관하다는 것도 다행이었다. 그러나 받을 때마다 내 자신이 역량의 부족함을 잘 아는 터라 늘 부끄러웠다.
 그런데 이번에 상을 주관하는 문학지에서는 임의로 선택한 작품 3편과 함께 수상자를 미리 발표했다. 그런 발표가 있었던 며칠 후, 이메일로 축하편지가 더러 답지했는데 그 중에서 어느 유명 평론가의 편지가 인상적이었다.

 '고 선생님의 작품 〈동백의 씨〉와 〈빛바랜 금전출납

부)를 읽고 감동을 넘어 충격을 받았습니다. 소설이 아닌 수필이 이런 클라이맥스를 형성하여 독자를 후리치는 경험을 60평생 많은 글을 읽었지만 고 선생님의 두 작품이 처음입니다. 〈동백의 씨〉에서 여동생이 동백의 씨를 팔아 갚겠다며 빌린 돈을 들고 '오빠!'하며 뱃머리로 뛰어내려 오는 장면과 〈빛바랜 금전출납부〉에서 숙부님을 회상하는 글 마지막 대목에 숙부님이 아버지가 되는 극적인 전환이 정말 놀랍습니다. 그 대목에서 나는 분명히 눈물을 글썽이면서 충격적 감동을 받았습니다.'

문단 등단 후 20여 년간 여러 평자로부터 수필세계를 조명 받았지만 칭찬의 강도가 이번만큼 진했던 경우는 처음이다. 그래서 나도 드디어 수필의 일가견을 이룬 것 인양 자만의 바람이 슬쩍 마음을 스치는 순간, 덜컥 겁이 났다. 착각 속에 빠졌다가 황당한 결과를 보게 된 어느 노파의 이야기가 생각났기 때문이다.

'할머니가 골목길을 가는데 등 뒤에서 야릇한 소리가 들였다.
"같이 가 처녀! 같이 가 처녀!"
뒷모습이 아직 처녀로 보이는가 싶어 기분이 좋았다. 다음 날 복지회관에서 놀다가 그 시간대에 골목길을 오니까 또 "같이 가 처녀!"가 크게 들렸다. 이렇게 나흘 동안 계속되자 그녀는 자기를 처녀로 착각하기 시작했다. 하루는 몸에 쫙 달라붙는 홀태바지에 굽이 높은 구두를 신고 엉덩이를 삐뚝거리면서 걸어본다. 그 날도 역시 "같이 가 처녀!" 더욱 우렁찬 목소리였다. 뒤를 힐끗 돌아보았더니 젊고 건강한 청년이 1톤 트럭을 몰고 뒤따라오는 게 아닌가. 그녀는 드디어 가슴이 울렁거렸다. 그 날 저녁 손자에게 자랑삼아 이야기했다. 손자는 할머니에게 보청기를 끼워 드렸다. 다음날 그 시각에 들리는 소리는 "갈치가 천원!" 생선장수의 고달픈 목소리였다.'

이렇게 착각하며 산다는 것이 얼마나 비참한 일인가.

나도 평론가가 격려하는 뜻으로 좀 진하게 칭찬 한마디 한 것을 착각하며 순간적으로 들뜬 기분이었나 보다. 글은 곧 사람 됨됨이의 바탕에서 울어나는 법이거늘, 인격자체가 감동에 미치지 못하면서 어찌 그 글이 감동적이기를 바랄 수 있으랴. 어쩌다 한두 편의 작품을 놓고 전체가 다 그런 수준인양 생각하는 것은 큰 착각이다. 이미 늦었지만 남은 생애 문격文格을 다듬어서 감동에 이르게 하기 위해서는 먼저 인격부터 잘 추슬러야 하리라는 각오를 다져본다.

하마터면 나도 이야기 속의 할머니처럼 될 뻔 했는데, 미리 깨우쳐서 그나마 다행인가 싶다.

일대일

낙상落傷으로 병원에 입원을 하게 되었다. 뼈에 금이 간 부분이 제대로 붙기까지는 몇 달이고 가만히 누워만 있어야 한다니 벌罰 중에서도 최고의 벌을 받게 된 셈이다. 눈과 입은 멀쩡한데 허구한 날 캘린더만 바라보고 누워 있어야 하는 따분함을 어쩌랴 싶었다.

그러한 염려와는 달리 입원한 다음 날부터 가까운 친지와 이웃들이 틈틈이 찾아와서 위로의 손을 잡아주니 고마웠다. 위로 받는 당사자 입장이 되어서 그런지 문병의 고마움이 평소에 상상했던 것 보다 진하게 느껴졌다. 그 중에서도 공직자들은 모처럼의 공휴일을 할애하여 부부동반까지 하는 성의를 보여주니 미안할 따름이다. 현직에서 물러난 지 세월이 제법 흘렀고, 지금쯤은 잊어버릴 때도 되었을 법 한데……

그 병문의 대열에서 ㅇ과장의 모습을 대하니 흘러간 세월의 먼지를 둘러쓴 에피소드 하나가 떠오른다. 민선시대 초입에, 선거라는 격전장을 거쳐 시장으로 취임했을 때다. 세상은 민民 위주로 바뀌었지만, 관官 위주로 오랫동안 길들여진 공직자들의 정서를 하루아침에 바꿀 수는 없었다. 그런 분위기를 개선하기 위하여 작은 것부터 솔선해서 실천하는 모습을 보여주고 싶었다.

우선 시가지 환경정비를 비롯해서 시민의 어려움을 살피기 위해 새벽부터 도시의 골목을 누비기 시작했다. 직접 내 손의 촉각으로 서민들의 어려움을 더듬어 절실히 느껴보기 위함이었다. 매주 초에 간부회의를 열고, 일상적인 업무의 전주前週 실적과 금주 계획을 보고 받는 자리에서 별도로 체크된 문제점을 해결토록 첨가해서 지시하는 방법으로 길들이기를 시작했다. 다음 간부회의가 열리는 날 새벽에는 시가지 구석구석을 돌아다니며, 지난주에 지시했던 중요사항이 이루어졌는지를 직접 확인해 본다. 거짓 보고를 방지하기 위함이었다. 얼마 후, 그런 방침에 첫 케이스로 걸려든 사건이 있었다. 해수욕장의 임시 화장실이 폭풍에 휩쓸려 넘어가 흉한 꼴이 되어있는 것을 정비하도록 지시했는데, 일주일이 지나도록 그대로 방치되어 있었던 것이다. 간부회의시 그 업무 담당 과장은 지적사항을 정비 완료했노라고 태연하게 거짓 보고를 하는 것이 아닌가. 그때 순간적으로 이 사건 처리 방법에 대해서 잠시 갈등을 겪었다. "무슨 소리야! 오늘 새벽까지 정비되지 않은 것을 내 눈으로 확인했는데 어디서 새까만 거짓말을 하는 거야! 이 엉터리 같은 친구 봤나."라고 호통을 치고 싶었다. 그 순간 공교롭게도 정전으로 마이크가 중단되어버렸다. 잠깐 침묵이 흘렀다. 그 침묵의 순간 '쉽사리 분내지 말라'는 성서의 말씀과 함께, 내 집 거실 벽에 걸려있는 가훈家訓인 '忍之爲德이라는 글이 머리를 스쳤다. 마음 추스르며 화를 억지로 눌러보았다. 그런 갈등 속에서 헤맬 때, 마이크는 다시 복구되었고 이미 다음 차례의 간부들이 보고를 계속 진행하고 있었다.

회의를 마치고 문제의 과장을 내방에 조용히 불러서 일대일로 앉았다. 부드러운 어조語調로 "ㅇ과장! 조금 전에 보고한 것 엉터리야. 내가 오늘 새벽 현장 확인을 했는데 아직 복구가 되지 않았어. 오늘 중으로 현장 한 번 둘러보고 즉시 처리하시오."

"죄송합니다. 확인을 못 했습니다."

"앞으로는 반드시 확인부터 하고 보고하는 습관을 갖도록 하시오."

"알겠습니다. 꼭 실천하도록 하겠습니다."

이렇게 해서 돌려보냈는데, 잠시 후에 ㅇ과장은 다시 와서 스스로 바닥에 무릎을 꿇었다.

"시장님! 회의 때, 한바탕 호통을 칠 수도 있었는데 참으셨다가 왜 조용히 불러서 일대일로 타이르셨는지를 곰곰이 생각해보았습니다. 그렇게 아껴주시고 사랑해 주셔서 너무도 고맙습니다. 시장님! 앞으로 이런 일 없도록 노력하겠습니다." 머리를 숙인 채 엎드려 일어날 줄을 모른다. 순간을 참고 넘어간 자리에 작은 감동의 꽃이 필 수 있었다는 것, 퍽 다행이라 생각하면서 그의 등을 도닥거리고 일으켜 세웠다. 일어서는 순간 약간 젖어있는 눈을 감추는 듯했다.

그날, 둘이서만 점심 약속도 했다. 일대일의 충고라도 작은 상처가 될 수 있었으니 그것마저 위로해주고 싶었던 것이다. 그 후, O과장은 자진해서 순회강사라도 된 것처럼, 동료 간부들을 찾아다니면서 교육을 했다는 소문이 파다했다. 시장 특별 지시사항에 대한 결과보고는 반드시 현지 확인을 하고 정확하게 보고해야 한다면서, 일대일의 비밀까지 스스로 공개하더라는 것이다.

산 체험닭이라 효과가 있었던지, 그날 이후부터는 새벽마다 확인할 필요가 없을 정도로 시민의 어려움을 간부들 스스로가 찾아내어 해결하는 풍토로 바뀌어가는 듯 했다.

힘으로 조직을 관리하는 것 보다, 덕德으로 다스리는 효과가 크다는 것을 직접 경험했던 에피소드였다.

그와 비슷한 이야기를 어느 후배로부터 들었던 기억이 떠오른다. 그 직장의 상사가 직원들이 다 모인 자리에서 자기(후배)만을 지적하여 자존심이 크게 상할 정도로 꾸지람을 해댔다는 것이다. 그 순간부터 그 상사와의 인간관계는 회복할 수 없을 정도로 무너졌고, 늘 사나운 폭력자로만 보였다는 것이다.

공개적인 꾸지람을 듣는 사람의 입장에서는 자존심을 난도질당하는 살인적인 충격과 아픔만 느낄 뿐, 다른 생각이 끼어들 틈이 없을 것이다. 그러니 그런 상황에서 뉘우치고 개선하리라는 기대는 어림없다고 보아야 하리라. 심리적으로 당연한 귀결일지도 모른다.

나 역시 그날, 원색적인 호통을 참지 못했더라면 오늘 ㅇ과장과의 재회再會는 이루어질 수 없었을 것이다. 그러나 달리 생각해보면 부끄러운 일 아닌가. 지금까지 살아오면서 어쩌다 이런 일이 있었을 뿐이라면, 평소의 처세處世는 모두 낙제점수가 분명하니 말이다.

빙산氷山에서 나는 소리

 아메리카 대륙의 북서부에 위치한 알래스카 앵커리지라는 땅에 설레는 마음으로 첫 발을 디뎌보았다. 말로만 들었던 백야白夜현상도 직접 체험해 본다. 밤 11시가 넘어야 해가 지는데다 시차도 겹치고 여름 한가운데서 겨울을 만나는 기대가 부풀어 첫날밤은 깊은 잠을 이룰 수가 없었다.

 아침에 일어나 세계 최대의 수상 비행장인 후드호수와 역사박물관을 잠깐 둘러본 후, 내의를 껴입고 서둘러 위디어 항구로 나갔다. 일행과 함께 유람선을 타고 빙하를 향한다. 가는 도중에 유람선이 잠깐 멈추고 갈매기 집단 서식지를 소개한다. 수만 마리의 갈매기가 모여 사는 바닷가 암벽이다. 암벽 가운데로 빙산에서 흘러내리는 폭포가 장관이다. 갈매기들 중에도 리더가 있는지 모르지만 겉으로 보기는 단결심이 대단한 것 같다.

하찮은 조류의 세계도 집단의 위력과 협동의 원리를 알고 실천하는데 인간의 세계는 왜들 분열과 투쟁만을 일삼는가. 갈매기들의 단순한 본능이 부럽다.

또 알래스카는 연어의 천국인가. 3시간을 달려가는 관광선 뱃길을 따라 수면 위로 종종 연어가 뛰어오른다. 강을 거슬러 올라가기 위한 연습인가. 연어의 세계는 나약한 놈이 없을 것 같다. 아무리 가파른 개울이라도 오를 수 있는데 까지는 오르고, 때로는 폭포까지도 뛰어넘는 고통을 기쁘게 감수한다. 강력한 귀소본능 때문인지 약간의 상처쯤은 아랑곳없다.

쉬운 길만을 택하는 나약한 인간보다 못하지 않다는 것을 발견하게 된다.

이런저런 상념에 사로잡힌 순간 유람선은 목적지인 스워드 빙하에 도착한다. 바다를 가득 메운 얼음 조각들이 뱃길을 막는다. 서행으로 빙산 가까이 다가간다. 여행객들은 카메라를 꺼내며 모두들 숨을 죽이고 제발 얼음절벽이 떨어져 주기를 바라며 침을 삼킨다.

드디어 어디선가 천둥소리가 나더니 빙산에서 절벽 같은 얼음이 떨어져 내렸다. 그 큰 얼음덩어리가 바다에 잠기는 순간 관광객들은 일제히 환호성을 질러댔다. 환호성 때문이었는지 이어서 조금 작은 덩어리도 덤으로 떨어져 주었다. 잠시 후, 그 여파로 유람선이 흔들렸다.

그런데 빙산 속에서 천둥소리가 왜 났을까. 소나기와 천둥소리는 어울리지만, 얼음과 천둥소리는 전혀 상관없다고 생각되기 때문이다.

도란도란 흐르는 시냇물 소리는 자연의 시詩를 읊는 소리 같고, 제법 큰 소리를 내며 절벽에서 떨어지는 폭포도 산새나 바람소리에 어울려 오케스트라의 하모니 같은 멋과 격이라도 있다. 시냇물이나 폭포는 얼지 않았기 때문에 그런 아름다운 자연의 멜로디를 창출할 수 있지만, 빙산은 가슴 속 깊이 차가운 한을 갖고 있을 뿐이다. 겉보기로는 아름다우나 영원토록 풀 한포기 만날 수 없는 한을 누가 알겠는가. 그래서 천둥소리 밖에 다른 소리를 낼 수 없었나 보다.

인간의 마음도 이런 경우와 다를 바 없다고 생각해 본다. 세상 살다보면 원치 않는 스트레스를 받을 때도 있고, 그로 인해 차가움을 넘어 얼음 같은 마음이 될 수도 있을 것이다. 그런 한恨을 잉태한 마음에서 소리가 난다면 천둥소리가 아니겠는가. 그 소리가 세상 밖으로 나타날 때 건강의 일부가 얼음처럼 파괴되어 산산조각이 날 것을 생각하니 아찔하다.

그러니 마음을 다스려 얼음처럼 되지 않도록 노력하며 살 일이다. 그저 베풀고, 희생하고, 겸손하고, 온유하면서 감사한 생각으로 살아가노라면 마음이 얼어붙을 리도 없거니와 오히려 그 마음속에 아름다운 화원花園이나 멜로디로 채워질 수 있을 법하다.

빙산 앞에 한동안 머물렀던 유람선이 뱃머리를 돌려 출발지였던 위디어 항구를 향할 때, 나는 장시간 내 마음을 드려다보고 다듬었다. 제발 얼음처럼 되지 않기를 다짐하고 기원하면서…….

이렇듯 자연은 인간에게 신비한 교훈을 던져주고 있으니 그저 자연 앞에서는 마음 문을 활짝 열어 볼 일이다.

갈매기도, 연어도, 빙산도 알고 보면 모두 인간의 스승이 아니던가.

배은背恩의 열매

 이처럼 난처한 입장이 될 줄은 미처 몰랐습니다. 숙모님!
〈동백의 씨〉라는 수필은 기쁨과 아픔이라는 상반되는 두개의 씨를 달고 나왔으니 이를 어찌하겠습니까? 하나는 인상의 열매였고, 또 하나는 숙모님께 안겨드린 배은背恩의 열매였습니다. 그 열매의 곁가지인 '차가운 시선……'이니 '외면의 설움……' 따위의 표현을 지우고 싶지만 이미 엎질러진 물이 되고 말았습니다. 숙모님 마음에 두고두고 서운한 그늘을 스스로 만든 이 불효를 돌이킬 수 없어 깊은 회한悔恨에 젖어봅니다.
 조실부모한 어릴 적 마음은 서러운 넋두리가 항상 그렇게 출렁이고 있었던 것을 숨길 수가 없었습니다. 그것은 숙모님 때문이 아니올시다. 때때로 눈물의 파도 너머 얼비치는 무표정은 어린 내게 싸늘한 표정으로 굴절되어보였는지도 모릅니다. 보살피시는 손길이 인간의 속성을 뛰어넘는 모정까지를 기대했던 것 같습니다. 그러한 기대에 미치지 않을 때마다 쓸쓸한 바람이 작은 가슴을 스쳐갔으니까요. 새삼스럽지만 따스한 눈빛이 아니면 보일 수 없었던 어렸을 적 마음의 껍질을 벗겨보려 합니다.

비 오고 뇌성 치는 밤에는 파고들어갈 어머니의 포근한 가슴이 그리워 떨었습니다. 달밤에 대나무 그림자가 마당에 드리워져 바람에 흔들릴 때, 그것은 흐느적거리며 통곡하는 자신의 모습이라고 생각했습니다. 하늘에 무수한 별들을 많다고 생각하기보다는 하나하나 따로 떼어놓고 외롭다고만 생각하는 엉뚱한 버릇이 생겼습니다. 작은 보살핌도 고마움이 부풀고, 작은 외면에도 서러움이 부푸는 그런 눈치꾸러기였습니다.

고등학교 시절 혼자 셋방에서 자취하던 때도 그랬습니다. 그때는 아직 6·25의 상흔이 남아 질병과 가난의 고통이 가득할 때였습니다. 끼니를 이어가기도 힘들 즈음 숙부님은 저를 도시의 학교로 보내셨습니다. 그런 때 반찬인들 제대로 마련될 리 있었겠습니까. 김치와 된장만 있으면 풍성한 진수성찬이었으니까요. 그 두 가지가 다 떨어지고 나면 늘 고향 섬마을을 건너가곤 하던 중, 언젠가 한번 숙모님에게 '반찬 달라'는 말을 입 안에서만 우물거릴 때, '집에는 별스런 반찬 먹나'라는 답을 듣고 울면서 그대로 돌아온 적이 있었습니다. 그날 저녁은 소금에다 밥을 찍어먹으려고 시도해보았으나 실패하고 말았습니다. 어디선가 파도처럼 몰려오는 설움 때문에 목구멍이 막혔던 것입니다. 지금 생각하면 얼마나 미련한 철부지였습니까.

그런 철부지 생각은 성년이 되어도 변하지 않았습니다. 결혼식을 할 때였습니다. 직장 초년생의 분수에 맞추려고 줄이고 또 줄였습니다. 주례 앞에 선 신랑은 바지 엉덩이를 짜깁기 한 옷을 입었고, 뒤축이 닳아 기울어진 신을 신었습니다. 그러나 그 순간 홀로 서는 의지를 배웠습니다.

이제는 이 모두가 소중한 추억으로 남았습니다만 숙모님의 깊은 마음을 일찍이 헤아리지 못했던 어리석음을 어찌하겠습니까. 그 어리석음을 깨달은 것은 숙모님의 아들 권이가 외국에 나갔다가 5년 만에 돌아오던 바로 그날이었습니다. 망망한 이역만리에서 바다와 싸우다가 온 아들에게 서모로 오인할 만큼의 서운한 배려에 저는 아연실색하고 말았습니다. 좋을 때나 궂을 때나 쉽게 흔들리지 않는 의연함이 타고난 성격임을 미처 몰랐던 것입니다. 그런 너그러움으로 인하여 조카에 대한 힘겨운 뒷바라지에도 투정 한 마디 없었음을 깨달았습니다. 드디어 숙모님의 정의 껍질 속을 들여다보게 되었던 것입니다. 그때부터 저의 마음에 쌓였던 고독은 서서히 녹아버리기 시작했습니다. 숙모님의 호칭이 거리가 느껴지기도 했습니다. 그래서 서슴없이 어머니로 가까이 다가섰던 것입니다.

어머니!

저도 이제 제법 나이가 들었습니다. 어릴 적 이야기 한 마디쯤 해도 자애의 눈빛으로 스쳐 지나실 줄 알았습니다. 숙부님의 은혜를 돋보이게 하는 데 상대적인 고임돌로 쓴다는 것이 이렇게 배은망덕에 이르고 말 줄은 미처 깨닫지 못했습니다. 어릴 때 느꼈던 순간적인 회상일 뿐인데 그것을 현재에다 연결시키는 것은 저의 뜻과는 너무 먼 거리입니다. 모정에 굶주려 떨고 있던 그때 어린 조카의 입장을 헤아릴 수 있고, 그 가슴 깊은 곳을 볼 수만 있다면 겹겹이 맺힌 괘씸했던 응어리는 사라질 것입니다.

아직도 들어서기가 서먹한 정의 문. 그 문을 철없는 손자들마저 느낄까봐 두렵습니다. 며칠 전 딸 현아가 졸업여행을 다녀오면서 마련한 할아버지 할머니에게 드릴 선물을 갖고 같이 방문을 했을 때였습니다. 너무도 써늘하여 서둘러 나올 수밖에 없었습니다만 이제는 저도 서러움이나 외로움 따위는 멀어져 간 나이가 아닙니까. 이제는 담담하여 변함없음을 제가 실천하려 합니다. 저에게 소중한 정의 문이 열릴 때까지 이대로 마음의 껍질을 한 겹씩 벗겨 보이겠습니다. 이 모두가 스스로 자초한 당연한 인과응보이기 때문에 아무도 탓하지 않으렵니다. 다만 매사에 쓸데없는 원인을 만들지 말라는 교훈으로 마음 깊이 새겨두겠습니다.

살아가면서 자신도 모르는 또 다른 인과응보의 소지는 없는지 살펴보려 합니다.

어떤 소망

언젠가 한 메일에 어느 독자가 쓴 '고도원의 아침 편지'가 올려져 있었다. 편지를 쓴 사람은 '무 갑상선 기능 항진 증에 의한 가끼 서화 증'이라는 우리나라에서 단 한 명뿐인 불치병을 앓고 있는 사람이라 소개되어 있다. 몸이 돌처럼 굳어져 손가락도 움직일 수 없고, 그래서 흐르는 눈물도 스스로 닦을 수 없는 처지라고 한다. 그래도 입은 겨우 움직일 수 있었던가. 볼펜을 입에 물고 키보드를 친 '소망'이라는 제목을 단 글을 여기에 옮겨 본다.

"새벽, 겨우겨우 라도 잠자리에서 일어나
아침 햇살을 볼 수 있기를
아무리 천대받는 일이라 할지라도

일을 할 수 있기를

　　점심에 땀 훔치며
　　퍼져버린 라면 한 끼라도 먹을 수 있기를
　　저녁에는 쓴 소주 한잔 마시며
　　집으로 돌아오는 기쁨을 느낄 수 있기를

　　타인에게는 하잘 것 없는 이 작은 소망이
　　내게 욕심이라면, 정말 욕심이라면
　　하나님 저는 어떻게 살아야 합니까"

　흐느끼는 절규가 가슴을 친다. 보통 사람들에게는 쉽고도 하찮은 일들이지만 그에게는 절절한 소망이었던 것이다. 때로는 짜증이 날 수도 있고, 벗어나고 싶을지도 모르는 별 것 아닌 그런 일들이 그에게는 애절한 너무도 애절한 소망이었다. 더 낮아질 수도 없고, 더 떨어질 데도 없는 막다른 밑바닥에서 바라보는 세상은 모두가 천국이었던가. 그래서 하찮은 일상적인 것까지 그처럼 귀하게 보였나보다.

　스스로 움직일 수 있는 것만으로도 얼마나 행복한 일인지를 느끼게 한다. 이 환자는 아무나 볼 수 없고, 느낄 수 없었던 것을 보고 느끼는 경우까지 와서, 비로소 세상을 함부로 살아가는 불평만만한 자들을 향하여 종을 울리고 있다. 떨리는 입에다 볼펜을 물고 고통스럽게 종을 울린다. 감사할 줄 모르고 함부로 살아가는 미련한 자들을 향한 아우성이다. 그 종소리의 메아리는 환한 빛까지 동반한다.

나도 그가 쏘아 올린 빛으로 세상을 다시 본다. 우선 움직이는데 지장이 없는 건강 누리는 것, 감사할 일이다. 이렇게 멀쩡한 손가락으로 키보드를 칠 수 있다는 것이 얼마나 자유스럽고 행복한지 이제야 알 것 같다.

가만히 살펴볼수록 생활 주변에 감사할 일이 얼마나 많은가. 아침에 일어나 희망적인 해맞이를 할 수 있어 행복하다. 아무 때나 일을 할 수 있어 행복하다. 때를 따라 먹고 마실 수 있어 행복하다. 간간이 작은 기쁨이 있어 행복하다. 감사할 일들을 찾아보는 이 순간도 행복하다.

어쩌다 불평이 가득한 마음으로 세상을 바라보면, 모두가 불평스럽게 보이지 않던가. 그러나 감사한 마음으로 세상을 바라보면 해와 달과 바다를 비롯한 대 자연 모두가 감사의 대상이 될 수 있다. 그리고 내 가족, 내 이웃, 내 고장, 내 나라 등 모두가 감사의 대상이다.

모처럼 한려수도가 한 눈에 보이는 언덕에 서서 낙조落潮를 바라본다. 하루를 닫는 화려한 막幕이 내리기 전에 '소망'의 시詩로 절규하는 저 영혼에게 신의 가호가 있기를 빌어본다.

잘 보이지 않던 예사로운 행복을 돋보이게 한 고마운 분이다.

우주의 소리

윤이상 선생을 추모하는 음악제가 열린 후, 몇 가지 걱정스러운 의문을 풀기 위해 독일과 오스트리아를 방문키로 했다.

통영이 낳은 세계적인 작곡가라고는 하지만 선생의 곡이 너무 어려워 대중의 감동을 불러내기가 쉽지 않겠다는 우려를 떨쳐버릴 수 없었으며, 과연 이 음악제를 계속 이어갈 수 있을까 하는 의문 때문이었다. 그리고 독일 사람들이 보는 선생의 위상은 어느 정도인지 확실한 현지 상황을 체크해보고도 싶었.

화창한 어느 봄날, 서울 발 프랑크푸르트 행 비행기에 방문단 일행은 몸을 실었다. 기우는 석양을 따라잡을 듯이 날아가는 비행기는 밤과 낮의 균형을 깨트리고 기어코 낮을 8시간이나 늘어나게 했다. 승무원들은 길어진 낮을 감추기라도 하려는 듯 창문과 차광막을 꼭꼭 닫았다. 목적지까지의 기나긴 비행시간이 나를 깊은 사념思念 속으로 몰아넣었다.

윤이상 선생은 어렸을 때부터 우주의 소리를 들을 수 있는 귀가 열렸던가. 아버지를 따라 밤낚시를 갔을 때, 해면을 스치고 지나가는 바람소리가 그의 예민한 감성을 거쳐 청각을 자극시킨다. 하늘에는 은하수, 어둔 바다에는 해조음이 밀려 왔다 밀려가는 파도는 그의 귓속에서 박자처럼 부서진다. 낚시꾼들의 노 젓는 소리, 거기에 곁들인 남도 민요 한 가락, 섬 벼랑에 간신히 뿌리내린 해송의 비명소리까지 어우러졌을 때, 그는 이미 신비한 음향을 발견할 줄 알았다. 소학교 때는 미국 선교사의 풍금소리에 넋을 잃었고, 동경유학을 다녀온 청년들에게 첼로를 배우면서 음악의 꿈을 키워 나간다. 그 꿈은 일본으로 건너가 오사카 음악학원의 입학으로 연결되고, 그때부터 체계적인 작곡 공부를 하게 된다. 그러나 그의 운명도 악보 위의 리듬처럼 굴곡이 나타나기 시작한다.

태평양전쟁 때는 항일운동으로 인해 심한 고문을 당하게 되고, 이러한 불운 속에서 결핵까지 앓게 된다. 향학의 열망이 이쯤에 된서리를 맞는다. 다시 귀향하여 여학교 음악 교사로 잠깐 머물다가 부산 사범학교를 거쳐 서울의 대학 강사로 나가면서 후학을 키운다. 하지만 늘 더 높은 곳을 향한 배움의 갈증을 누를 길 없어 그는 기어코 음악세계의 선진지를 향하여 날아간다. 그 때 선생께서 간 길을 따라 나도 오늘 이렇게 날아가고 있다.

선생께서 베를린에 닻을 내렸을 때는 이미 40고개를 넘는 중년시절이었다. 가난과 병약한 체질로 이국땅에서 어려운 유학의 고비를 넘는다는 것은 악몽 같은 현실이었으리라. 음악에 대한 열정 하나로 그 험난한 고비를 넘고, 세계무대에서 작곡가로 활개를 펴게 되었다. 그러나 그것도 잠깐이었다. 동베를린 사건으로 투옥되어 2년간 옥고를 치르게 된다. 조국과 그 무슨 악연이었던가.

출감한 후, 독일에 귀화 해버린다. 그것이 조국을 영원히 등지는 길이 될 줄이야. 하지만 자나 깨나 눈앞에 선 한 유년의 바다를 잊을 수 없었다. 삶의 둥지를 베를린 중심지에서 20km나 떨어진 한적한 교외로 택한 것도, 고향바다를 닮은 호수 가까이에서 살고 싶었기 때문이었다고 하며, 〈조국에 대한 연서〉라는 글에서도 망향의 한이 가슴을 친다.

"내가 조국 땅을 밟게 되면 그 땅에다 입을 대고 나는 당신을 사랑합니다하며 외칠 것이다."

작곡 일을 그만두면 통영 앞 바다에서 낚시나 하며 살고 싶다고 했다는 그는 언젠가는 귀향할 수 있을 것이라는 희망을 잃지 않았다. 하지만 이데올로기가 무엇이 관대 그 절절한 소망을 이루지 못한 채 베를린 공동묘지에 싸늘히 잠들고 말았던가.

우리 일행은 푸랑크푸르트 공항에 내려, 대기했던 버스로 베를린에 도착했다. 윤이상 선생의 얼이 도처에 깃들어 있는 것만 같았다.

여장을 풀고 이튿날부터 일정에 따라 국제 윤이상 협회 볼트강 슈파러 회장 외 간부 6명을 초청하여 오찬회를 가졌다. 국제 윤이상 협회는 독일과 일본을 비롯한 세계 여러 나라 음악가 140여명으로 구성되었다고 한다. 그들은 입을 모아 윤이상 선생의 위상을 소개한다. 베를린 현대음악 70곡 중에 포함되어 있고, 학교에서 시험을 보는 곡으로도 선정되어 있다고 한다. 콩쿠르 할 때도 반드시 등장하는 곡이라는 것이다.

윤이상 곡은 훌륭하고, 연주하는 사람이 많기 때문에 베를린을 중심으로 오래오래 빛날 것이라 했다. 작곡가에 관한 자료나 책은 유명 도서관에 다 보관되어 있으며, 독일 청년들은 피카소는 몰라도 윤이상은 다 알고 있을 정도라는 것이다.

다음날은 미리 약속했던 문화부장관실을 노크했다. 취임한 지 5일째이며 외국 손님으로는 첫 번째인 우리 일행을 반갑게 맞이해 주는 수탤즐 장관. 그는 음악도 문화도 인간이 만들어 간다면서 윤이상 음악을 들으면 통영은 잘 모르지만 동양의 풍경이 반영된 것을 느낀다고 했다. 작가의 출생지 통영에서 윤이상 축제를 시도한다는 것은 반가운 일이며, 특히 예술인이 시장이라 그 가능성이 더 밝아 보인다는 것이다. 축제에 대해서는 독일문화원과 세계 문화센터 관계자들과 협의해서 적극 돕겠다며 약속을 두세 번 되풀이 다짐하면서 내 손을 굳게 잡아주었다.

이번에는 세계 문화센터 부장관을 비롯한 관계자들을 만난다. 부장관 유르겐마이어는 자기도 아직 신임 문화부장관을 못 만났는데 어떻게 먼저 만났느냐는 여담까지 섞으면서, 문화교류는 문화센터의 사명이기 때문에 좋은 방안이 있으면 같이 노력하겠다고 약속했다.

독일문화원 음악부서장 유르겐드레보스는 윤이상을 상대적으로 냉정히 평가하면 그 유명도가 세계 여섯 사람 가운데 들 정도라는 것이다. 그는 윤이상 이야말로 통영이 지닌 소중한 문화 자산이므로 한 축을 꼭 붙들고 이어나가야 한다고 힘을 주었다.

다음 일정에 따라 우리는 모차르트의 음악축제로 유명한 잘츠부르크를 찾아 나섰다. 독일과 오스트리아는 출국과 입국 수속이 필요 없었다. 국경이 어디쯤인지 모를 지경이었다.

미리 관심이 쏠렸던 부분은 모차르트의 작곡이 한정이 되어 있는데, 수많은 연주회장에서 오랫동안 연주회를 어떻게 다 가질 수 있는지가 궁금했던 것이다. 홍보실장에게 넌지시 물어보았더니 그의 대답은 너무 간단하면서 나에게 큰 용기를 주었다. 축제기간에 모차르트의 곡은 맛보기 정도로만 선을 보이고, 나머지는 각국의 저명한 연주자들이 모여들어 무대를 메운다는 것이다. 그렇다면 윤이상 곡이 아무리 어려워도 맛보기 정도로만 연주하고 윤이상의 출생지라는 매력 하나로 세계 정상급의 연주자들만 불러들이면 되는 것이 아닌가. 나는 자신도 모르게 무릎을 크게 칠 뻔했다. 우리 통영도 잘츠부르크와 같은 음악도시가 다 된 것처럼 희망이 부풀었다. 이렇게 해서 나의 염려와 의문은 여름날 안개가 걷히듯 사라지게 되었다.

그런데 잘츠부르크 시민들은 축제보다 그 준비가 더 알뜰했다. 금년 한 해 실패하면 지금까지 쌓아온 80년 전통이 한꺼번에 무너질지도 모른다는 위기감으로 온갖 정성을 다 짜낸다. 축제가 끝나면 곧이어 다음 해에 있을 축제준비에 몰두하게 된다. 선전도 대단하다. 잘츠부르크를 비롯한 전국의 점포에서 판매하는 초콜릿 포장지에는 모차르트의 칼라 사진이 반드시 들어있다. 이렇게 선전하기를 80년, 언제까지나 모차르트는 잘츠부르크의 대명사이자 세계 음악의 향기로 남을 것 같다. 우리도 할 수 있겠다. 잘만하면 통영도 세계적인 음악도시로 부상浮上할 수 있다는 자신감을 얻었다.

현대 음악 속에서 사람과 하늘과 땅을 하나로 만나게 하고, 동양과 서양을 잇는 음악의 철인哲人이며, 도인道人이며, 성자聖子가 아닌가. 이렇듯 고향의 냄새가 그대로 스며있는 바람소리를 세계정상에까지 끌어올린 그 빛을 어찌 독일 땅에만 묻어둘 수 있으랴. 그 위대한 음악의 향기를 통영국제음악제 속에 소중히 담아 더 큰 빛을 발하게 하여야 하리라.

이제부터 통영은 윤이상과 함께 세계적인 음악도시로, 아시아의 문화중심도시로 우뚝 설 도약의 발판을 다지는 일만 남았다.

가을 소묘素描

- 산국화

　산뜻한 아침, 산행山行 코스에서 밤새 별빛이 지켜준 산국화 무더기를 만났다.
　맑은 하늘과 푸른 바다와 마른 억새를 배경으로 잔잔하게 흔들리는 자태는 정갈한 선경仙境의 여인인가. 당당한 듯, 소담한 듯 그 고운 숨결이 향기 되어 피어나는 꽃, 그래서 그 향기는 선녀들에게나 어울릴 것 같다.
　그런 산국화 앞에 서서 감히 때 묻은 마음을 부끄럽게 열어 본다. 묻은 때 자국 진하지만 하늘빛 순수한 향기가 조금씩 스며들어 씻어내는 듯하다.

- 낙엽

  수림이 우거진 오솔길에서 산새들의 청아한 밀어를 듣는다.
  스산한 바람 한 자락 지날 때마다 우수수 떨어져 내리는 낙엽의 행렬을 본다. 뿌리를 향하는 담담한 행렬이다. 떨어지기 아쉬워하지도 않는다. 마른 풀잎 위에도, 황톳길 위에도 그저 떨어지고 있을 뿐이다. 그 누런 색깔은 흙을 닮았다. 닮은 것이 아니고 그 흙은 오래된 낙엽일지도 모른다. 그래서 때때로 홍수가 쓸어 내려가도 낙엽이 쌓이는 곳에서는 줄지 않는 것이 흙이거늘…….
  아! 환원還元의 마술사, 그것은 바로 낙엽이었구나. 누가 낙엽더러 허무와 무상이라고 일렀던가. 환원의 새 출발을 위한 몸부림이었을 뿐인데…….
  인간도 결국 태초에 창조주가 흙으로 빚었으니, 낙엽처럼 환원의 길을 가고 있는 것은 아닐까. 낙엽이 비워두고 간 자리를 차지한 저 산새들도 환원에 대한 순리를 속삭이나 보다.

- 가을낚시

  높아진 하늘만큼 깊어진 가을 바다에 낚시 드리우면 마음도 조용히 깊어지리라.
  번거로운 생활일랑 잠시 접어두고 물새들이 놀다 간 바위에

앉으면 월척의 기대는 지나친 욕심이다. 차라리 낚시에 미끼를 달지 않으면 어떠랴. 그 빈 낚시로 건강을 낚고, 자연을 낚고, 아름다운 추억을 낚으면 어떨까. 잔잔한 파도 속에 밀려오는 추억의 편린들을 만나는 순간 지난날을 가만히 뒤돌아보게 된다. 더러는 즐거웠고 더러는 아픈 추억이지만 모두들 소중한 아름다움이기에 고기가 낚이지 않으면 어떠랴.

 사람들은 흔히들 제 나름의 미끼로 무엇을 낚으며 살고 있다. 권세나 재물을 낚기 위해 야망과 모험으로 바쁘게 뛰고 엉킨다. 인생은 그래서 괴로움에 시달리며 살 수 밖에 없는 존재가 아닌지…….

그 손길

 소크라테스는 악처惡妻를 만났기 때문에 유명한 철학자가 된 것으로 알려져 있다. 유명인의 이야기라서 무조건 긍정적 반응을 보였지만, 악처의 입장에서 뒤집어 보면 결론이 엉뚱해질 수도 있다.
 본래의 인간 바탕이 악처였다면 당초부터 맞아들이지 않아야 옳았다. 남달리 예리한 사고력을 가진 철학가이기 때문에 사전 탐색이 충분히 가능했을 것으로 판단되기 때문이다. 그렇다면 본래 악처가 아닌데 주변 영향에 의하여 후천적으로 악처가 되었다는 결론이다. 그 여인이 악처가 되기까지 가장 가까이서 영향을 끼칠 수 있었던 사람은 소크라테스뿐이니 누구를 탓하겠는가. 좀 더 비약적인 논리를 편다면, 본래 선처善妻를 악처로 만들었는지도 모를 일이다.

사람은 누구나 세상을 살아가면서 자기중심적인 사고와 이기주의에 젖어 있기 마련이다. 자신의 결점은 보지 못하고, 상대방의 결점만 확대하여 보기 때문에 분쟁 또한 그칠 줄 모르지 않는가.

　부부끼리도 상대방의 희생적인 도움은 잘 보이지 않고, 자잘한 마음의 상처는 기억에 오래남아 아물 줄을 모르는 속성을 갖고 있기 마련이다. 내 자신도 결혼 초부터 주어진 사명인 공직에 최선을 다하느라 가정일은 처의 몫으로 돌리고 무관심으로 일관했던 것이다. 이사를 할 때에도 무거운 짐 몇 점 옮겨 주는 것으로 내 임무가 끝난 줄 알았다. 아이들 양육이며, 가전제품 하나 고장 난 것 까지도 직접 손대지 않는 알뜰점수 낙제생 이었다.

　내가 밖에서 땀 흘리는 만큼, 아내는 가정에서 당연히 땀 흘려야 한다고만 생각 했을 뿐, 아내의 손끝을 사랑의 눈빛으로 바라볼 줄 몰랐다.

　이제 아내도 늙었다. 허리 통증을 호소하며, 손빨래를 제대로 하지 못한다. 아내는 습관처럼 빨래 중에 와이셔츠나 양말은 반드시 손빨래를 해야 직성이 풀리는데 그것이 고통스러워진 것이다. 이지경이 되고부터 내 양말만이라도 스스로가 해결하면서 도와주기로 결심 했다. 몇 달째 그렇게 실천해 보았더니 약간 부담스럽게 느껴졌다.

　그때 어디선가 환청으로 머리를 쥐어박는 충격이 왔다.

　"너는 아내의 양말이 아닌 네 자신의 양말 하나 세탁하는 작은 수고도 귀찮은데, 너의 처는 남편의 양말을 비롯한 온가족의 세탁과, 때마다 밥 짓는 일과, 자식들 뒷바라지를 하느라 평생을 희생하지 않았느냐? 그런 희생에 대하여 제대로 마음을 모아 위로해본 적이 단 한 번이라도 있느냐?"

변명할 여지가 없는 지적이다. 결혼 초부터 내 자신의 크고 작은 뒷바라지를 위해 평생을 바친 아내에게 너무 무관심했던 것이 사실이다. 그런 희생의 손은 잡아주지 못하면서 잔잔한 불평에 수긍하지 못하고 오히려 되받아 친 적이 어디 한 두 번이던가. 매일같이 양말을 빨래하는 것 보다 수십, 수백 배의 희생을 감수하면서 거의 한평생을 하루 같이 감당해 낸 아내가 아니던가. 그런 희생을 한 번도 귀찮아하지 않고 생활 속에 다 묻어 버리면서 살아온 아내가 지금도 내 곁을 지키고 있다. 천하일색 미녀가 아니면 어떠랴 성격이 좀 마땅치 못한들 어떠랴. 달콤한 과즙은 아니라도 깊은 산골짜기에서 흘러내리는 순수한 샘물의 맛인 것을……

아내 곁에 가서 거친 손을 꼭 잡아본다. 보기보다는 아직도 부드럽고 따스했다. 나를 위하여 소모한 희생이 크게 확대되어 마음에 안긴다. 그런 희생을 마음에 새기고 살면 약간의 바가지도 흥얼거리는 콧노래쯤으로 들릴 것 같다.

소크라테스도 지금의 나처럼 느꼈더라면 유명한 철학자까지는 되지 못했을지 모르지만, 삶의 한 가운데 행복의 꽃을 피울 수 있었으리라는 엉뚱한 생각을 해 본다.

5부

열애熱愛
이래도 되는가
사람 사는 모습
영혼의 꽃
裸木의 기도
연주자
인간의 중대한 문제
순수했던 우리말이
꽃신

열애熱愛

한려수도에 점점으로 엎드린 섬들이 잠에서 채 깨어나기 전부터, 어선들은 한 두 척씩 통통거리며 항구를 빠져나가기 시작한다.

새벽 갯바람의 신선한 매력에 끌려, 김 교사는 매일같이 호젓한 해안 길을 산책한다. 질펀하게 남실대는 바다가 발밑에 있고, 그 바다에 밤새도록 길게 누웠던 가로등 불빛도 자취를 감출 무렵이면, 그는 이 항구의 흔들림을 느끼기 시작한다.

남정네들이 밤새 잡은 고기를 함지박에 받아서 담아 이고, 아침 시장을 향하여 바쁜 걸음으로 지나가는 여인네들도 만나고, 짐수레를 힘겹게 밀고 가는 허리 굽은 노인도 만난다.

갈매기들이 모여들어 선창 위에서 시끄러울 때쯤이면, 아침이 활짝 열리는 것이다. 어느 날, 김 교사는 반대편에서 오고 있는 한 여자를 목격 하게 된다. 처음에는 스쳐 지나가는 사람쯤으로 여기다가 여러 날을 같은 지점에서 조우하게 되다보니 급기야 그녀의 모습이 보이지 않으면 허전한 생각이 들 정도가 되었다.

한 달쯤을 이렇게 지나치다가 하루는 용기를 내어 인사를 나누었다. 그 여인은 지리산 밑 산촌 마을이 고향이고, 지금은 이곳 교회 유치원 교사라 했다. 김 교사 자신도 인근 도시가 고향이고, 중학교 교사로 부임한지 몇 달되지 않았다고 소개했다.

둘은 이날부터 먼저 도착한 사람이 바위가 있는 언덕에서 기다리기로 약속한다. 만나면 대화는 끝이 없었다. 태어났을 때부터 현재에 이르기까지 일기장을 펼쳐 보이듯 애틋한 속삭임이 계속되었다. 눈물겨운 과거는 물론, 취미와 내면의 정서까지도 낱낱이 들어내어 서로에게 공개한다. 세상을 바라보는 시각이며, 삶의 목표까지도 일치함을 발견한 이들은 서로에게서 꿈으로만 동경했던 이상형임을 확인하고, 두 손을 굳게 잡는다. 그 손을 통해서 두 사람의 심장은 뜨거워지고, 마음도 장미 빛으로 물들기 시작했다.

그런데 여인은 아직 미혼이나 남자는 기혼이라는 벽이 있었다. 그러나 그런 벽같은 것쯤은 큰 문제가 될 수 없는 분위기로 접어들었다. 걷잡을 수 없는 사랑의 불씨가 뜨거워져가고 있었기 때문이다. 사랑의 화살은 이미 심장 깊이 꽂혀버렸고 이 세상에 둘도 없는 배필로 정해버린 것이다.

처음에는 세상의 눈을 의식하고 조심스럽게 만났으나, 애정이 강도가 높아지자 과오를 분간할 수도 없었다.

그렇게 집착하는 순간, 학교와 교회에 소문이 퍼지게 되고 '소위 처자식이 있는 교사가 이럴 수가…' '교회 집사가 이럴 수가…' 하고 양쪽에서 동시에 축출 소동이 일어나게 되었다. 더 이상 견딜 수 없었던 중학교 교사는 외딴 섬으로 발령이 났고, 유치원 교사는 지리산 밑 고향 마을로 쫓겨 갔다. 하루만 못 만나도 견딜 수 없었던 처지였는데, 하나는 섬으로, 하나는 산골로 떼어놓았으니 몸통의 한 부분이 찢겨져 나간 것처럼의 아픔이었을 게다. 견딜 수 없는 고통을 참고 살아갈 힘을 잃어버린 여인은 섬에 있는 남자에게 삶을 포기하는 긴 편지를 보낸다. 통신수단이 지금처럼 발달되지 못했을 때라, 일주일을 넘어서 편지가 전달되었다. 그 편지에는 눈물 젖은 여인의 그리움으로 가득했다.

김 교사는 선걸음에 지리산을 향해 달린다. 도시와 도시를 연결하는 구간은 시외버스를 이용할 수 있었고, 교통이 열리지 않았던 시골길은 뛰고 또 뛰어서 그녀의 고향 마을에 도착했다. 집을 찾았으나 이미 장례를 치른 후였다. 세상이 일시에 무너져 내렸다. 산에 올라가 묘지를 안고 밤이 새도록 통곡했다. 끝이 없었던 통곡은 드디어 말문까지 막아버렸다. 실어증에 걸리고 만 것이다. 알아들을 수 없는 실어증 환자의 절규가 답답하고 불쌍했다. 산촌 마을 사람들은 측은하게 바라보고만 있었다. 입은 옷도 사랑처럼 덩달아 찢어졌고, 마음도, 몸도,

의식도 모두 찢어진 모습이었다. 마침 마을 부녀자들의 동정 어린 손길이 있어, 목숨은 겨우 부지할 수 있었다. 밤이 되면 마을 사람들이 묘지 옆에 마련해 준 움막에 짐승처럼 기어든다. 이런 식으로 일 년을 넘게 살았다.

눈이 유별나게 많이 내렸던 어느 날, 정오가 넘었는데 그 단골 걸인이 동리에 내려오지 않았다. 궁금했던 청년들이 산에 올라가 보니 그는 무덤을 끌어안은 채 엎드려 있었다. 밤새 내린 눈 속에 파묻힌 그를 사람들이 눈을 털어 내고 일으켜 세우자 싸늘하게 식은 주검이 끌어안은 연인을 놓지 않으려는 듯 꼼짝도 하지 않는 것이었다. 이루지 못할 사랑을 따라 죽음으로 마감해버린 두 사람. 그들의 생각과 행동이 최선의 방법이었는지는 모르지만 무엇인가 처음부터 잘못되었다는 생각이 든다. 사랑의 불을 함부로 지피는 것도 문제지만 왜 죽음이라는 막다른 길을 택하고 말았을까.

내 나름대로 슬기로운 다른 방법은 없었을까 하고 이런저런 사념思念에 젖었던 순간, 멋진 해답을 놓고 간 유명 시인 한 분이 떠올랐다.

청마와 이영도의 사랑은 모르는 사람이 없을 정도다. 청마의 부인까지 '내 남편 청마를 보고 반하지 않는 여자가 있다면 그는 여자가 아니다.'라고 할 정도였으니. 그런데 그 불꽃의 강도가 과연 어느 정도였을까. 그것은 청마가 교통사고로 생을 마감할 때까지 이영도 에게 보낸 수많은 애정 편지 중에서 살펴본다.

> '사랑하는 당신!
> 내게는 문학보다도 시보다도 귀한 당신이요, 진한 애정이고 보면 어찌 목숨인들 아까올 것 있겠습니까?……'
> '아름답고 고운 당신을 알뜰한 아내로서 삶을 이룩해 보지 못하고 허탕 칠 목숨이, 이 지극한 상애相愛가 보람 없이 시들어 죽고 말 것이 원통할 뿐인 것입니다.……'

이들도 차라리 죽음을 원했던 경지에까지 이르렀던 마음을 이 편지에 담고 있다.

이러한 현실과 입장은 청마의 시詩 세계 밑바닥에 애련의 정서로 도처에 깔려있음을 발견 하게 된다. 그것은 연가戀歌류의 시「행복」이나「그리움」등에서 쉽게 찾아볼 수도 있다.

사랑을 향해 무작정 달려 간 것이 아니라 극기심과 절제로 조절하면서 시심詩心에다 발산한다. 그런 발산의 결과가 감동적인 시詩로 승화되었고, 결국 유명 시인을 탄생시키는 에너지가 된 셈이 아닌가. 또 청마를 흔히 의지의 시인이라고 하는데, 이 의지 역시 현실의 벽이라고 할 수 있는 그 당시 엄격한 유교적 전통과, 유부남이라는 처지와, 이영도가 기독교신자라는 입장 등을 겨냥한 저항의지가 아니었던가 싶다. 열렬한 사랑도 사랑하는 방법에 따라 결과가 이처럼 달라질 수 있다는 것을 느끼게 된다.

 불꽃같은 사랑의 정념情念! 이런 정념은 결국 목숨을 바꿀 만큼 강할 수도 있었나보다.

 내 젊은 날, 만약 이런 감정에 빠졌더라면 어떤 방법을 택했을까. 너무 어리석어서 청마의 슬기를 닮지 못했을지도 모를 일이다.

이래도 되는가

　어느 날 저녁, 40대로 보이는 남자가 티브이 화면에 나타나 "이래도 되는 겁니까?"라고 소리치면서 억울함을 호소하고 있었다. 호소내용은 자기소유의 경작지가 도로에 편입되어있는 것을 발견하고 보상을 요구하는 소송을 지방자치단체를 대상으로 제기하여 1차 승소판결을 받았다는 것이다. 그럼에도 승복하지 않고 상소를 한다는데 대한 불평이다. 언뜻 들리기론 그 군수가 파렴치한 날강도쯤으로 보인다. 남의 경지를 임의로 도로에 편입시키고도 보상을 거부하다니……
　피해자의 주장에 따르면 1차 승소판결은 당연했고, 서민의 억울함을 호소케 한 방송국의 배려도 고맙다. 그러나 군수가 왜 날강도 짓을 했는지에 대하여 짚고 넘어가야 할 일이다. 그러기 위해서는 사건이 발생한 40년 전으로 거슬러 올라가

보아야 한다.

　그 경지耕地가 도로로 변하던 시점에는 피해자가 출생전후 쯤이기 때문에 그 때의 상황을 알 수 없었을 것이다. 당시 토지를 소유했던 부모도 이미 세상을 떠났으니 확인해볼 길도 없다. 그러나 토지 주인의 아무런 허가 없이 도로를 건설했다는 것은 상식적으로 납득할 수 없는 일이 아닌가. 만약 당시 토지주가 희사喜捨를 했다면 군郡에서 즉시 이전 절차를 밟아서 정리했어야 하는데 40년이 넘도록 방치해둔 것이 문제다. 그보다는 우선 지독하게 가난했던 그 시절에 왜 토지를 희사 했겠느냐는 것이 의문스럽다. 그러니 기왕이면 새마을운동의 역사 속까지 들어가 볼 필요가 있겠다.

　1970년 새마을운동이 처음 제창되었고, 그것이 곧 '잘살기 운동'이라는 것까지 누구나 다 아는 사실이다. '우리두 한 번 잘 살아보세!'라는 새마을노래는 단순한 노래가 아닌 한 맺힌 구호였고, 온 국민의 절규인 듯 가슴을 흔들어 놓은 위력을 발휘했다. 국민소득 겨우 백$ 선 에도 못 미친 지긋지긋하게 못살던 한을 추스르며 온 국민이 한 마음으로 일어섰다.

　한반도에 드디어 가난 털어내기 바람이 불기 시작했던 것이다. 그 바람은 폭풍을 방불케 했다. 그렇게 계속된 새마을운동이 80년대에 접어들면서 그 결실이 서서히 나타나기 시작했다. 국민 스스로가 자조적인 협동으로 생활태도며 정신자세를 혁신하고 경제적, 사회적, 문화적 생활환경을 개선해 나가는 주축이 되었다. 그러면서 국민 각자가 개체가 아닌 지역사회 공동체로, 공동개발, 공동발전을 위해 협동하는 모습으로 거듭났다.

티브이 방송에 억울함을 호소한 그 피해자는 도로에 편입된 토지와 새마을운동과의 상관관계까지는 생각해보지 않았나보다. 새마을운동은 마을길이나 넓히고 초가지붕을 개량하는 운동쯤의 차원이 아니고 선진국으로 가는 초석을 마련한 국민운동으로 후세에 길이 빛날 혁명이었던 것이다. 지금까지도 우리의 새마을운동은 전 세계에 화젯거리가 되면서 배워가고 있는 자랑거리다. 그 운동에 참여하여 희사한 선대先代의 위대한 정신을 어찌 함부로 엎질러 버린단 말인가. 승소판결을 내린 법관도 그 피해자의 현재입장만을 생각할 것이 아니라, 사건 발생당시를 거슬러 올라가 그 원인과 정황까지 깊이 살펴보았더라면 좋았을 것을……

이 사건은 전국에 걸쳐 유사한 수십 수만 건의 사건과 연계된 판례가 될 수 있으니 예사롭지 않다.

여기서 또 이전등기 절차를 방치했던 문제까지 우리는 마음을 열고 살펴볼 필요가 있다. 한꺼번에 쏟아진 희사건수가 너무 많았기 때문에 측량비와 이전등기 비용이 만만치 않아 일시에 처리하지 못하고 연차적으로 추진하다보니 누락된 부분이 있었던 것으로 짐작된다. 많이 늦었기는 하지만 이런 사례들을 전국적으로 모아 특별조치법에라도 적용시켜 새마을 시대에 주축이 되었던 사람들이 아직 생존해 있을 때에 보증을 받아 간편하게 정리할 수 있도록 하는 것이 최선의 해결책일 것 같다.

    조국근대화의 대열에 동참했던 자랑스러운 뜻이 제발 함부로 뭉개지지 않기를 바라는 마음 간절하다. 국민소득 만＄단위시대까지 누리면서 마음들은 왜들 이렇게까지 좁아져있는지 모를 일이다.

사람 사는 모습

'사람'에 관한 연작시를 쓰는 김년균 시인의 시집 ≪숙명≫을 읽어가다가 〈거머리〉라는 작품 앞에서 일단 멈췄다.

'분수를 모르면 큰 병입니다./ 자기만 알면 더 큰 병입니다./ 그런 자는 천성이 다릅니다./ 신체구조가 아주 특별합니다./ 여기 거머리를 보십시오./ 머리, 얼굴, 눈, 귀, 손, 발, 가슴/ 쓸만한 것은 다 없애 버리고,/ 오로지 남의 것 훔쳐 먹을 주둥아리와/ 남의 물건 채워둘 창자만 남겨두었습니다./ 세상눈치 볼 것 없이/ 옳고 그름을 따질 것 없이,/ 남의 피를 먹으려고 혈안이 되어/ 호시탐탐 기회만 노립니다./ 거머리는 잔인합니다./ 거머리는 흉악합니다./ 이와 비슷한 사람,/ 세상에 너무 많습니다.'

작품의 소재는 거머리이되 그 속에서 사람의 모습을 볼 수 있었기 때문이다. 그러면서 다른 시詩처럼 깊은 내면이나 상상력의 소산으로 난해難解하게 꾸며진 틀이 아니고 시어詩語가 쉽고 부드럽게 그리고 구체적으로 문장에 녹아 있어 당장 친근감을 느낄 수 있었다. 또 마무리 2행이 시 전체에 생기를 끼얹은 것이 절창絶唱이었다.

　그래서 나는 이 시를 암송하기 위하여 복사본을 포켓에 넣고 다니기로 했다. 갖고 다니다가 행여 이 시를 닮은 사람이 나타나면 그 사람 곁에 슬쩍 흘려 놓을 심산이다.

　세상에는 어디 거머리 같은 사람만 있던가. 거머리와 비슷한 거미 같은 사람도 얼마든지 있다. 나름대로의 함정을 만들어 놓고, 걸려들기만을 기다리다가 걸렸다 하면 낚아채는 비정한 인간들. 이웃이나 사회에 필요악적 존재들이지만 유구한 세월 인류역사와 더불어 공존해 오는 것을 하루아침에 없앨 수는 없지만 세월 따라 차츰 늘어만 가는 것이 탈이다. 묘안妙案이 아쉽다.

　이처럼 악한 무리는 아닐지라도 성실하면서 지극히 이기주의적인 인간도 많다. 그런 자를 흔히 개미 같은 인간이라 한다. 개미를 부지런하기로 따진다면 곤충류에서는 으뜸이겠지만 남을 위한 배려의 흔적은 찾을 수 없다. 날이 밝기만 하면 먹이를 찾아 부지런히 움직이고, 다람쥐처럼 발견되는 먹이는 굴에다 모조리 옮겨 쌓기 바쁘다.　개미처럼 자신과 내 가족만을 위하는 극도로 이기주의적인 인간 앞에는 아기자기한 사회가 존재할 수 없다. 가난과 아픔과 고통의 신음소리가 그들에게는 들리지 않는다. 베푸는 따스한 정이 없으니 그들 곁에는 새싹이 돋아나는 새 봄은 있을 리 없고, 늘 차가운 칼바람만 주위를 맴돌 뿐이다.

이런 살벌함을 커버하기 위해서 꿀벌을 존재하게 한 창조주의 섭리가 놀랍다. 꿀벌은 베풀기 위하여 부지런히 꿀통에 꿀을 채운다. 꿀을 채취하기 위하여 꽃잎의 수술과 암술을 건너다니면서 열매를 맺게 하는 역할까지 해낸다. 남을 위해 부지런히 봉사하는 꿀벌과 같은 인간 집단이 많으면 얼마나 든든하랴만 그렇지 못한 것이 탈이다.

세상 돌아가는 모습을 보면 거머리나 거미와 같은 사람은 차츰 늘어가고 개미 같은 사람은 별다른 변화가 없으나, 꿀벌과 같은 사람은 차츰 줄어들고 있으니 먼 장래가 심히 염려스럽다.

우리도 조국광복 이후 6·25사변을 겪으면서 국민소득 67$이라는 가난 속에서도 꿀벌들의 행진은 도도했다. 혁명의 깃발이긴 해도 '우리도 한 번 잘 살아보세!'를 온 국민이 한목소리로 외치면서 마을길을 넓히기 위하여 너도 나도 가난을 무릅쓰고 전답은 물론 집터까지 아낌없이 희사한 때가 있었다. 자조·근로·협동으로 땀 흘려 국민소득 2만$ 시대의 기적을 이루고는, 토지를 희사했던 지주의 2세들이 달라지기 시작했다. 더러 그때 희사한 토지를 되돌려달라고 야단이다. 그 당시

등기로 정리하지 못했던 땅은 고스란히 빼앗길 판이다.

이것은 분명 거머리 같은 무리가 늘어나고 꿀벌 같은 무리가 줄었다는 증거가 아닌가. 거머리 같은 인간은 많이 불행하고 꿀벌 같은 인간은 많이 행복할 것인데 불행의 비중은 날로 커지고 행복의 비중은 날로 작아지는 현실을 어찌하랴.

우리 모두 사람 사는 모습을 각자 마음의 거울에 비쳐 볼 일이다.

영혼의 꽃

 보이지 않으나 보이는 것 보다 더 아름답고, 냄새를 직접 맡을 수 없으나 지접 맡는 것 보다 더 향기로운 꽃이 있다. 시들지도 않고, 꺾을 수도 없는 꽃.
 희생과 봉사로 비워낸 마음 밭에서 피워낸 신비로운 그 꽃의 베일을 벗겨본다. 때는 60년대 초, 어느 날 신문에 '미감아未感兒는 어디로 가나' 라는 제목의 기사를 읽고 당시 23세의 처녀 집사는 마음에 폭풍이 일어난 것 같은 충격을 받았다. 잠시 후 감전感電이라도 된 듯 중대한 사명감이 마음속 깊이까지 설레었다.
 나환자의 몸에서 출생했다는 이유 하나만으로 부모로부터 강제 분리되고, 일반인으로부터도 격리 수용 당해야하는 미감아. 아무도 가까이 하기를 꺼려하는 그들은 추위와 배고픔과

목마름에 시달려야만 했고, 아무리 울어도 그 울음조차 들어주는 사람이 없었다. 그러나 처녀 집사의 귀에는 환청으로 들려왔다. 누군가가 미감아의 눈물을 닦아줄 위로의 손수건을 쥐어주는 듯 했다. 그런 자극으로 미감아들을 위해 한 목숨 바칠 것을 무작정 결심하게 되었던 것이다.

예수님도 섬김의 사람으로 왔다가 목숨까지 바쳤는데, 버려진 불쌍한 미감아를 보살피고 정상인으로 길러내는 것은 자신이 맡아야 할 사명이라 생각되었다. 그러다가 나환자로 전염이 되는 한이 있어도 그 길까지 사양치 않을 각오였다.

그날부터 하던 일 전부를 중단하면서 작업복 두벌을 달랑 챙겨들고 신문에 보도된 '영심원'을 찾아갔다. 외딴 초가집에 누더기를 걸치고 짐승처럼 꾸물거리는 열두 명의 아이들을 만났다. 형색은 걸인을 방불케 하나 눈빛은 모두 천사였다.

마침 방이 세 개가 있어, 하나는 자신의 방, 하나는 아들들이 쓰는 방, 하나는 딸들이 쓰는 방으로 정했다. 그 순간부터 어머니 역할이 시작된다. 시집도 가기 전에 열두 아이의 어머니 자리에 서게 된 것이다. 빨래며, 아이들의 목욕, 보리방아를 찧어 밥 짓기, 찬 만들기, 땔감 마련하기, 양식 구하기 등 앞이 캄캄할 때가 많았다. 잠시도 허리 펼 틈이 없었다. 혼자서 감당해 내기 어려운 형편인데다 교사 역할까지 겸해야 했다. 미감아는 그 당시 일반학교 등교를 거부당했으니 어쩔 수 없었다.

아이들에게 이르기를, 나무도 뿌리가 깊어야 바람에 넘어지지 않는다며, 여러분도 뿌리를 깊이 내려서 세상풍파를 이기며 살라고 다짐하고 또 다짐하면서 끝없이 기도했다.

아버지가 찾아와서 '이것만은 하지 말라'고 극구 말렸으나, 육이오 사변 때, 딸 하나 잊어버린 것으로 알라며 고집을 부렸다.

아이들 중에는 병치레가 잦은 아이도 있었다. 밤중에 아픈 아이를 엎고 멀리 읍내까지 병원을 찾아 뛰는 것은 고역 중에 고역이었다. 지금처럼 길이 넓지도 않고, 차량 왕래가 없었으니 순전히 도보로 이용할 수밖에 없었다.

이런 갸륵한 소식이 세상에 알려지자 미국의 어느 노파老婆를 비롯한 독지가의 출연出捐으로 풍광이 아름다운 바닷가에다 현대식 건물을 짓고 '신애원'이란 명칭으로 복지시설 등록을 할 수 있게 했다.

한 때 미감아가 70여명까지 달한 때가 있어 중학교 과정까지 운영하게 되었다. 교육을 운영하기 벅찰 무렵, 뜻을 같이하는 청년 집사 한사람이 적극 도와주었다. 오랫동안 일을 같이 하면서 뜻이 맞아 결혼까지 하게 되었다. 결혼 하면서 친 자식은 절대 두지 않기로 약속을 했다. 친 자식이 있으면 행여 미감아들에게 정이 소홀해질 것을 염려했기 때문이다.

어느덧 세월은 흘러 미감아 세계에도 변화가 일어나기 시작했다. 새로운 미감아가 현저히 줄어들었다. 나환자촌에도 젊은 세대는 없고 고령만 남았기 때문이다. 그래서 70년대 중반부터 새로운 사업을 추가하게 되었던 것이다. 미 자립 모자세대가 자립의 기반을 마련할 때까지 3년간 기초생활을 보장해 주는 사업이다. 정부 지원을 받으며 시설 정원 20세대 선을 유지하고 있다. 이제 정상적인 체제로 큰 어려움 없이 운영하고 있다. 그 운영의 중심에는 늘 남편인 장로가 있었다.

지금은 수만 평의 대지 위에 교회를 비롯한 필요시설이 확충되었으며, 10억 재단의 튼실한 복지시설로 자리 잡았다.

이제 23세의 처녀는 72세의 노파가 되었다. 그동안 어려운 봉사에 삶의 전부를 소진하면서 건강까지 약간 잃었으나 그가 남긴 업적은 영 육간에 위대했다.

거쳐 간 미감아들은 모두 충실한 사회의 역군들이 되었고, 손자들 중에는 의사, 약사까지 탄생했으니 얼마나 흐뭇하랴. 명절이 되면 문안 온 아들딸 가족들로 하여금 한 바탕 시끌벅저하다.

이것은 아무나 누릴 수 없는 보람의 열매다.

오로지 헌신과 봉사로 평생을 통해 빚어낸 영혼의 꽃은 하늘나라에서 영원히 시들지 않으리라.

裸木의 기도

 봄을 재촉하는 비가 내린 뒷날 아침, 산뜻함을 숨 가쁘게 마시며 계곡의 오솔길을 올라가 보았다.
 나목裸木들과 늘 푸른 소나무들이 어우러져 있는 수림樹林사이에는 갖가지 산새들의 사랑스런 속삭임이 수선스럽다. 나무들에게 봄소식을 알리는 밀어들일까. 그러나 봄비로 씻은 정갈한 나무들은 계곡으로 흐르는 봄의 목청을 이미 듣고 서 있는 터다.
 제법 힘차게 쏟아져 내리는 개울물에 손을 담그니 상쾌한 차가움이 짜릿하게 전신에 흐른다. 혈관을 꿰뚫고, 가슴으로 흐르고, 욕심에 찌든 마음까지를 씻어 내리는 듯하다. 그래도 너무도 두꺼운 마음의 때는 어림도 없다. 씻으려고 살펴보면 볼수록 더욱 진하게 보이는 탐욕, 위선, 증오, 질시…….

이 메마른 마음에 사랑은 언제쯤 촉촉할 것인가. 관용과 진실은 언제쯤 풍성해질 것인가.

 계곡을 거슬러 언덕에 올라 겨우내 악몽의 추위를 회상하는 나무들과 다시 만난다. 그들의 깊은 침묵의 기도도 들어본다. 감출 것 없이 드러낸 알몸으로 버텨온 인고의 겨울, 시린 손끝을 하늘로 향하여 모으고 서서 봄의 은혜와 여름의 성장盛裝을 내내 기원했나보다. 그 간절한 기원의 응답이 저 개울을 도란도란 넘치는 속삭임이었던가. 그 물에다 마음의 때를 하루아침에 씻어보려는 성급함도 결국 욕심이었나 보다. 차라리 한 그루 겨울나무로 서서 빈 가지를 허공에 맡기고, 참고 견디면서 거듭나는 인생의 봄을 위하여 마음을 모아본다.

 이 계곡에도, 땅 위에도, 하늘에도 봄노래뿐인데 내 마음의 봄노래는 어디 있을까. 그런 노래가 들리지 않음은 늘어나는 주름 때문일까. 얼키설키 세상 잡사 때문일까.

 생명의 경이와 신비가 흘러넘치는 나의 봄노래가 들릴 때까지 나는 이대로 서서 한 그루 나목이고 싶다.

연주자

음악 하나만으로 일생을 살아오신 은사께서 문하생 피아노 연주회 초청장을 보내주셨다. 정년퇴임 후인에도 계속 후진 양성에 전념하시는 모습이 초청장 위에 아른거린다.
"꼭 나와서 아이들 격려 좀 해주게…."
바쁜 틈에 전화까지 주셨다. 원래 음악 부문에 문외한이라 발걸음이 무거웠지만 사 제 간의 도리를 앞세워 연주회장으로 들어섰다. 호텔 연회장의 임시 무대 위에 하얀 그랜드 피아노 한 대가 올려져 있고, 몇 개의 꽃꽂이가 화사한 분위기를 만들고 있었다.

피아노를 향하여 부채꼴로 배석한 관객 앞에 어린 학생이 나타나 사뿐히 절하고 건반을 여는 것이 연주회의 시작이었다. 사회자의 진행도, 주최 측의 인사나 연주자의 소개도 없이 프

로그램에 따라 차례대로 연주가 계속되었다.

　초등학교 저학년부터 고등학교에 이르기까지 18명의 학생이 약 2시간 예정으로 피아노의 숨결 속에 사람들의 귀와 마음과 발을 붙들어 놓는다.

　은사께서는 내 곁에 앉아서 간혹 귓속말로 "저놈 깜박했어! 너무 긴장했나봐!"하신다. 곡을 잘 모르는 나는 어디쯤에서 빠지고 틀렸는지 선율의 움직임을 따라 잡을 수 없었다. 다만 수많은 해머가 현을 때리는 그 울림이 빚어내는 소리의 숨결이, 아이들 손끝에서 파닥거리고 있음을 보고 들을 뿐이었다. 하나에서 열까지 숫자도 아직 헤아리지 못할 것 같은 어린아이의 기특한 연주가 역시 인간의 긍지를 불러내 주었다.

　이렇게 조화로운 소리를 만들어 낼 수 있는 인간. 그래서 만물의 영장이라 했던가.

　어린 연주자들의 자세도 모두 다르지만 그 소리의 빛깔도 모양도 각각이다. 그 중에서도 특히 초등학교 6학년 어느 학생의 다부진 모습이 뭉클한 감동의 파도를 몰고 왔다. 건반을 두드리는 아직 짧은 열 손가락의 춤은 열정적인 동작으로 강하고 약하고 빠르게 혹은 느리게 리듬을 타면서 바람처럼 시간을 스쳐 달린다. 밤하늘의 은하수가 일시에 소나기로 쏟아지는가 하면 우레와 천둥이 휘몰아친다. 그런 폭풍 뒤에 고요가 달빛으로 떠오르고 또 찬란한 아침이 열리는 등 만 가지 상상으로 연결되는 소리, 소리, 소리……

1만 3천여 개의 음으로 어우러진 즉흥환상곡에서 쇼팽의 혼이 보이는 듯하고 10분 이내로 짜인 선율 속에 몰입해버린 그 아이의 야무진 열정이 나의 마음을 때리고 있었다. 연주가 끝난 후, 그런 다부진 자세를 향하여 관객의 박수가 감동의 부피만큼 부풀었고 박수의 꼬리는 내 손에 길게 머물렀다.

연주가 모두 끝나고 돌아오는 길에서도 유독 그 아이의 모습이 지워지지 않았다. 그런 모습 너머 불후의 명작을 남긴 예술가들을 떠올려본다. 모두들 더할 수 없는 열정으로 파란만장한 일생을 살다간 분들이 아니던가.

사람이 태어나서 성인이 될 준비기간과 노후 휴양기간을 빼고 건전한 활동기인 26세부터 60세까지를 날짜로 따지면 약 1만 3천 날이 된다. 마치 쇼팽의 즉흥환상곡 음과 맞먹는 숫자다. 억겁의 세월 속에 인간의 일생은 피아노 한 곡을 연주하는 순간보다 더 짧게 생각할 수도 있으리라. 그렇게도 짧은 일생의 연주. 하루하루의 건반을 짚어나가는 내 삶의 빛깔과 모양은 어떤가. 마음 깊은 곳에서 환희의 파도를 불러낼 그런 열정도, 꿈으로만 채워둔 감격의 물결도, 언제 한번 도도히 흘렀던가.

이제 연주의 후미 부분이 가까웠는데도 스스로 연주자임을 망각한 채 어처구니 없이 마른 강둑에 앉아 길어져 가는 산그늘만 바라보는가.

그날그날의 건반은 어김없이 짚었으면서도 고저도 강약도 멋도 없이 그저 시끄러운 단음 처리로 꿈인 듯 스쳐 지나간 세월을 뒤돌아본다.

회한으로 얼룩진 이 허탈한 연주자. 관객도 박수도 없지만 마무리 부분이라도 보석처럼 영롱한 소리를 낼 수 있는 몇 개의 음이라도 쳐볼 수 없을까.

언제 한번 열정적으로 연주하던 그 아이의 즉흥환상곡을 더 들으면서 인간이 창조해 낼 수 있는 감동을 마음에 새기고 싶다.

인간의 중대한 문제

　인간이 왜 사는지에 대한 질문을 두고 역사적인 유명 인물들의 해석이 분분하다.
　영국의 유명 시인 셰익스피어는 '인간은 희극과 비극을 오고 가는 시계의 추'라고 했다.
　옛날 어느 왕이 인간이 무엇인지에 대한 답을 구해 오도록 신하들에게 명령을 내렸다. 신하들이 밤낮 머리를 맞대고 연구하여 보고 한 것이 '먹다 죽다'란 단 두 마디였다고 한다.
　지혜의 왕 솔로몬은 통일 이스라엘을 40년간 통치하면서 뛰어난 지혜로 황금기를 누렸다. 이 세상에서 안 누려본 것이 없었던 왕은 '모든 세상의 수고는 헛되고 헛된 것뿐이다'라고 했다. 그는 또 '해 아래 사는 인생은 참 만족과 참 편안은 없다'는 말도 남겼다. 그러니 영혼이라도 천국 갈 수 있도록 노력하라 일렀다.

　사람이 어머니 뱃속에서 태어날 때는 빈손이지만 주먹을 꼭 쥐고 나온다. 그것은 무엇이든지 붙잡기만 하면 놓지 않겠다는 야무진 야심의 표시라고들 말한다. 그래서 세상사는 동안 온갖 고통을 감수 하고라도 열심히 지식을 쌓고, 일하여 재물을 모으고, 권세를 잡으려고 발버둥 친다. 그러다가 생명이 다하여 떠나는 날 움켜쥐었던 손을 쭉 펴 버린다. 이 세상 모든 것을 포기 했다는 표현이다.

　지상의 억만장자도 죽을 때는 한 푼도 못 가져가는데 그 돈 때문에 목숨을 걸기도 하고, 자살하는 사람은 도대체 어떤 생각을 했을까.

　누군가가 이런 말을 한 기억이 난다. '인생이란 눈물의 강을 건너서, 한 순이 벌판을 지나고, 절망의 절벽을 오르다가, 떨어져 죽는 것 이다'라고 했던가. 이것이 해 아래 사는 사람에게 주어진 운명이라면 얼마나 서글픈 일인가. 왜들 세상을 이렇게 부정적으로만 보는가. 검은 안경을 쓰고 세상을 보면 온 세상이 어둡게만 보이는 법인데 그 어두운 안경을 왜 벗지 못할까. 긍정적인 시각으로 바꾸기만 하면 당장 밝은 세상이 전개 될 수도 있을 터. 우선 주어진 여건에 만족하고 감사하며 살도록 힘써볼 일이다. 이 세상에서 성공한 사람이나 위대한 사람들은 모두 감사하는 삶을 살았던 것을 알 수 있다. 감사가 머물러야 늘 기쁘고 발전할 수 있으니 말이다.

나라 정치도 감사가 도처에 녹아있을 때 발전할 수 있는 법. 위정자와 국민 사이에 서로 감사하는 분위기가 유지될 때, 사회가 안정되리라 생각된다. 그 감사는 예사로 지나치면 보이지 않을 수도 있지만, 적극적으로 찾을 때에 한해서 보이는 법이다. 예를 들면 넘어져 다쳤을 때라도, 다쳤다고만 생각하지 말고 '골절이 되지 않아서 그나마 다행이다. 그러니 감사하다.'라고 생각하는 경우 등을 두고 하는 말이다.

감사한 마음으로 늘 이웃에게 베풀고 살면 그 감사는 더욱 빛날 것이고, 게다가 보람을 남기거나 가치 있는 흔적을 남길 수만 있다면 구태여 생명의 유한함을 탓할 필요까지 있을까.

세종대왕이나 이순신 장군은 이생에 남긴 흔적 때문에 그 얼은 역사와 더불어 수백 년, 수 천 년을 살아있지 않던가. 우리는 그런 큰 흔적까지는 바라지 않더라도 나름대로의 보람을 남길 수만 있어도 좋으련만. 그런 보람을 이루기 위해서는 지나친 욕심과 교만부터 버리고, 그 대신 감사와 사랑과 성실을 불러 들여 열심히 꽃피워야 하리라.

흔히 나타나는 스트레스 같은 것에 너무 얽매이지도 말고, 어차피 찾아오는 죽음까지도 순리라고 생각하면서, 만사萬事를 긍정적으로 감사하게 생각하는 것이 다름 아닌 인간의 중대한 문제 중에 문제라는 생각에 이른다.

그런 생각에 젖어 아침에 뜨는 해를 만났더니, 어제와 다른 빛이 마음에 따스한 기쁨으로 스며들었다.

순수했던 우리말이

지난 지방선거 때 기초단체장으로 출마한 후보자들이 경쟁적으로 '내가 적임자'라며 공약(公約)을 내걸었다. 신문에 보도된 그 내용을 읽으면서 외래어가 너무 많이 섞여 있음을 느낄 수 있었다.

그렇게 길지 않는 문장 속에 티처럼 보이는 한글로 표시된 영어의 일부를 옮겨본다. '허브, 클러스터, 그랜드플라워, 헬스케어벨트, 마운틴 바이크, 워터 바이크, 판타지 아일랜드' 등이다. 웬만한 외래어는 이미 한글사전에 올려져있지만 위의 낱말들은 아직 사전에도 없는 말이다. 유식하기만 하면 저변의 유권자들과 언어의 소통이 되지 않아도 상관없다는 속셈인가.

순수했던 우리말이 역사적인 과정을 거치면서 중국 글자말로, 중국 글자 말에서 다시 서양말로 변질되면서 고착된 것은 이미 오래된 일이지만 최근 들어 더욱 심해지는 경향이다.

우리말로 얼마든지 표현할 수 있는 것도 굳이 영어로 해야 유식한 것으로 보여 진다고 착각하는 모양이다. 유식해지고픈 마음을 이해하지 못하는 것은 아니지만 깊이 생각해보면 우리말도 지킬 줄 모르는 사람들이 도대체 우리 고장을 어떻게 알뜰히 아끼고 지켜줄 것인가 걱정스러웠다.

비단 후보자들에게만 해당되는 일은 아니지만 오늘날의 언어에 대한 국가정책이나 국민정서도 문제다. 우리말을 아끼기 위한 운동은 고사하고 생활주변에서 순수한 우리말이 다 뭉개져도 무관심한 것이 큰 문제다.

'찻집'이라고 하면 좋을 것을 한문글자인 '다방'이라 했다가 또 영어식으로 '커피숍'으로 변했다. '놀이'가 '오락'으로 되었다가 다시 '레크리에이션'으로 변한 것 등 예를 들자면 한이 없다. 그런 것은 이미 생활 속에 깊이 뿌리내렸으니 어쩔 수 없다고 치자. 그러나 아파트의 명칭이 쉽게 인식할 수 있는 우리말식으로 된 것은 가격이 내려가고, 미국의 어느 뒷골목에서 주워 온 괴상한 이름이 붙어야 촌스럽지 않고 값이 나간다니 어이없는 일 아닌가.

자랑스러운 우리말을 부끄러워하고 멸시하는 무식한 유식인들은 아직도 식민지 종살이 본성에서 벗어나지 못했기 때문이라 생각된다. 어쨌든 이대로 방치하면 순수한 우리말이 모두 사라질까 두렵다. 세종대왕께서 이런 사실을 아신다면 얼마나 마음아파하실까.

　흔히 보는 일이지만 유식 병에 걸린 사람들은 때와 장소를 가리지 않고 외래어를 쏟아 놓으며 분위기를 장악하려 든다. 그럴 때 자기 혼자만 유식하다고 우쭐거리지만 듣는 사람들은 모두 마음속으로 줏대 없고 가벼운 사람으로 취급해 버린다.

　지금이라도 뭉개져 외면당하는 말 중에 순수하고 아름다운 우리말을 건져 올려 먼지를 털고 본래의 자리에 올려놓을 수는 없을까. 이 일을 위하여 글이 생활의 비중을 많이 차지하는 문학인들이, 교단에 선 교사들이, 언론인들이, 공직자들이, 앞장서고 온 국민이 우리말 아끼는 분위기를 만들어 간다면 남의 흉내나 내는 줏대 없는 처지에서 벗어나 이 지구촌에 뿌리 깊은 당당한 국민으로 떠오르지 않겠는가.

　그런 떳떳하고 향기로운 분위기는 언제쯤 만들어지려나.

꽃신

보도위에 떨어진 은행잎을 따라 가을의 끝자락이 굴러가던 어느 날, 소설가 김용익 선생의 서거 10주기 추모의 밤이 열렸다. 뜻있는 시민들이 모였고, 문인협회 주최로 식이 진행되었다. 고인을 추모하는 묵념을 시작으로 약력이 소개된다.

선생께서는 1920년 통영에서 출생하여 중학교를 나왔고, 일본으로 건너가 동경에 있는 유명학원 영문과를 졸업했다. 28세 때 1차 도미渡美하여 유수有數한 대학교와 대학원에서 소설을 전공하였다.

1956년 6월, 한국인이면서 영어로 쓴 최초의 단편소설 ≪꽃신≫을 발표하여 미국에서 가장 아름다운 소설로 선정되었으며, 이탈리아를 비롯한 세계 각국의 유명매체에서 화제가 되기도 했다. 그런 배경으로 미국 내 몇몇 재단과 창작예술센터

등에서 창작지원금이 답지했고 그로인해 집필활동이 더욱 활발해졌다. 이때 쓴 여러 작품들 중에는 미국에서 외국인이 쓴 우수단편으로 선정되기도 했고, 독일과 오스트리아에서도 우수 청소년 도서로 선정되어 언론인으로부터 〈마술의 펜〉이라는 칭호를 얻을 만큼 특별한 주목을 받았다. 한편 미국과 덴마크 등에서는 중 고등학교 교과서에 작품을 실리기도 했다. 이렇게 세계의 문단을 휩쓴 매력은 작품의 밑바닥에 깔린 한국적인 정서나, 진실하고 간절한 정의 끈, 아름다운 그리움 등이 세계인의 마음을 사로잡았기 때문인 것 같다.

37세 때, 다시 고국으로 돌아와 고려대학교와 이화여자대학교에서 강의를 맡기도 했다. 그때 ≪꽃신≫을 비롯한 ≪한국의 달≫ ≪행복의 계절≫ 등을 한글로 번역하여 출판하면서 비로소 국내에 알려지게 되었던 것이다. 그 ≪꽃신≫의 서문에서 밝힌 본인 소감의 일부를 만나본다.

'나는 미국, 유럽의 하늘을 보고, 산길도 걸었으나 고국 하늘, 고향 길이 늘 그리웠다. 돌과 풀 사이 쇠똥에 발이 빠졌던 그 골목길이 그리웠다. 나의 이야기는 내 바닥에 깔린 고향에 대한 시감詩感이 원천이니 그것은 바로 나의 노래다.'

그래서 선생의 작품 배경이나 소재에서 미국이나 유럽의 정서를 찾을 수 없었나보다. 몇 년 뒤 다시 미국으로 들어가 여러 대학교에서 소설 창작을 강의하였고, 그때도 미국 정부에서 문학지원금을 받게 되었다. 선생의 작품은 작품마다 그 형상이 뚜렷이 구별되고 독자로 하여금 자연스레 심취하게 되는 마력이 있었다. 바깥의 화려함 보다 내면의 진실함이 도처에 깃들어 있기 때문인 것 같았다. 작품 속에서 눈물 반, 웃음 반을 맛보게 되고 끝내 눈물이 웃음을 만들어내게 한다고 어느 학자가 그의 작품세계를 소개했다. 작품을 읽어보면 소설이라는 생각이 들지 않을 정도로 구상이 너무 치밀하여 누구나 그 속에 빠져버린다.

노령에 다시 귀국하여 고려대학 초빙교수로 있다가 이듬해인 1995년, 75세를 일기로 타계하셨다.

타계 후 한국문단을 비롯한 고향 사람들의 기억에서조차, 마치 시골마을 저녁연기처럼 사라져 버렸던 것이다. 그러나 미국에서는 한미수교 100주년 기념자료집을 통해서 미국 내의 한국인 작가 중에서는 으뜸이라고 소개된바 있다. 이런 세계적인 소설가를 쉽게 잊어버린다는 것은 예향이라는 입장에서 보면 큰 손실임을 깨닫고 늦게나마 이렇게 추모의 밤을 갖게 되었다니 다행이다.

고향 사람들이 인간 김용익을 잘 알지 못했던 이유는 본인의 성격 탓도 있었던 것 같다.

식순에 따라 유족대표 인사가 있었는데 그때 마침 작가의 성격이 소개되었다. 그는 천성 자체가 비현실적이고 비사교적이면서 창작만이 삶의 전부인 것처럼 몰두하며 일생을 살았다고 한다. 윤택한 생활은 원하지도 않았고, 고통과 고독과 가난을 바탕으로 서러움에 저린 작품을 쓰되 그런 환경 속에서도 끝도 없는 아름다움을 추구했다는 것이다. 자신의 외모에 얼마나 관심이 없는 괴짜였으면, 미국의 어느 대학 강의를 마치고 나오다가 구내 경찰관에게 거지 취급을 받아 쫓겨나기까지 했을까.

집에는 텔레비전도 없었고 신문도 보지 않았으며, 전화기도 시계도 없었다고 한다. 주거지도 일정하지 않았으며, 승용차도 없이 언제나 버스만 타고 다녔다고 하니 괴팍스럽도록 순수한 성격을 어찌할 수 없었나보다. 어떤 경우에도 권위나 체면치레 같은 사회적 통념과 타협 할 줄 몰랐고, 겸손하여 자기자랑이나 자기 현시顯示와는 거리가 먼 성격이었다고 한다. 소위 자기 PR시대라고 하는 떠들썩한 세속에 물들지 않은 문인다운 기개氣槪와 모든 안일을 버리고 치열한 작가정신으로 무장하고 살아오신 순수하고 고고한 성품이 더욱 자랑스럽다.

"단편소설로 한때 세계 속에 우뚝 서신 선생님! 선생님께서 남기신 40 여 편의 분신들은 이 땅의 빛과 향기로 길이길이 남을 것입니다. 고이 잠드소서!"

추모의 밤을 마치고 나오면서 혼자 중얼거려보았다.

■ 연보

• 문단활동

1988년	경남신문 신춘문예에 수필이 당선되다.
1988년	한국수필에 추천 완료되다.
1989년	수향수필 동인회 회장을 역임하다. (2년간)
1989년	한국문인협회 회원으로 인준되다.
1991년	한국수필추천작가회 회장을 역임하다. (2년간)
1991년	한국수필가협회 이사로 위촉되다. (15년간)
1994년	한국문화예술진흥원에 연간선집작품으로 선정되다.
1999년	국제펜클럽한국본부 회원이 되다.
2002년	한국수필문학회 이사 겸 편집위원으로 위촉되다.
2002년	한국비평문학회에서 2002년을 대표하는 문제수필로 ≪그 아픈 이야기≫가 선정되다.
2003년	대한문학 상임편집위원으로 위촉되다.
2004년	제23대 한국문인협회 이사로 위촉되다. (3년간)
2004년	경남문학관 이사로 위촉되다.
2005년	(사)한국수필가협회 부이사장을 역임하다. (2년간)
2005년	한국비평문학회에서 2005년을 대표하는 문제수필로 ≪감동만들기≫가 선정되다.
2007년	제24대 한국문인협회 이사로 위촉되다.(제23대에 이어 계속)
2009년	(사)한국수필과 협회 수석 부이사장으로 위촉되다.

2009년　　　　국제펜클럽 한국본부 경남지역위원회 회장으로 추대되다.

• 저서

1988년　　　　첫 수필집 ≪파도에 실려 온 이야기≫(교음사)를 출간하다.
1992년　　　　해외 연수를 마치면서 기행에세이집 ≪하얀 침묵 푸른 미소≫(교음사)를 출간하다.
1994년　　　　수필집 ≪사랑바라기≫(월간에세이)를 출간하다.
1998년　　　　시장 재직 시 즉석연설 모음집 ≪행복이 어떤 모양인지는 아무도 모릅니다.≫(문학풍경출판사)를 출간하다.
2000년　　　　한국현대수필가 대표작선집 ≪동백의 씨≫(교음사)를 출간하다.
2002년　　　　제2기 민선시장 임기 만료로 퇴임하면서, 자서전 ≪그래도 외롭지 않았다≫(한국문화사)를 출간하다.
2006년　　　　대학 수필교재로 ≪수필의 맛과 향기≫(도서출판 진실한 사람들)를 출간하다.
2008년　　　　수필집 ≪겨울열매≫(도서출판 선우미디어) 출간하다.
2008년　　　　간증에세이 ≪영광의 물결≫(크리스찬 서적) 출간하다.
2010년　　　　수상집 ≪행복이 꽃피는 바다≫(개미) 출간하다.

• 수상

1984년	공직에 있으면서 ≪대한민국 근정포장≫을 받다.
1995년	제3회 신아문학상을 수상하다.
1998년	제16회 한국수필문학상을 수상하다.
2002년	제21회 수필문학상 대상을 수상하다.
2003년	제17회 예총예술문화상(문인 부문)을 수상하다.
2009년	제4회 황의순 문학상을 수상하다.

현대수필가 100인선 · 65
고동주 수필선

밀물과 썰물

초판인쇄 | 2010년 6월 10일
초판발행 | 2010년 6월 21일

지은이 | 고 동 주
펴낸이 | 서 정 환
펴낸곳 | 좋은수필사

주　소 | 서울시 종로구 익선동 30-6
　　　　운현신화타워 빌딩 3층 305호
전　화 | 02)3675-5635, 063)275-4000
등　록 | 1984년 8월 17일 제28호
홈페이지 | http://www.shinapub.com
e-mail | essay321@hanmail.net

값 7,000원

ISBN 978-89-5925-334-0　04810
ISBN 978-89-5925-247-3　(전 100권)

* 저자와 협의하여 인지는 생략합니다.
* 잘못된 책은 바꿔 드립니다.